地震・台風・土砂災害・洪水から

家族を自分で守る
防災完全
マニュアル

前防災担当大臣
河野太郎

講談社

地震・台風・土砂災害・
洪水から
家族を自分で守る

防災完全
マニュアル

はじめに——家族の命は自分で守ることができる

突然ですが、皆様、飲食料品の備蓄はされていますか。

災害に備えて、ご自宅に災害保険をかけていますか。また、その補償内容をよく理解されていますか。

お住まいの近くの避難所をご存じですか。災害が起きたとき、ご家族の間で連絡を取り合うルールは決めていますか。

本書は、大きく二部構成となっています。

第一章では、二〇一五年（平成二七年）一二月に「『防災4・0』未来構想プロジェクト」を立ち上げた問題意識を中心に、同プロジェクトにおける議論の成果をご紹介します。

最近、極端な豪雨やドカ雪など、身近な天候がこれまでとちょっと違うな、と感じるこ

自然災害による死者・行方不明者数

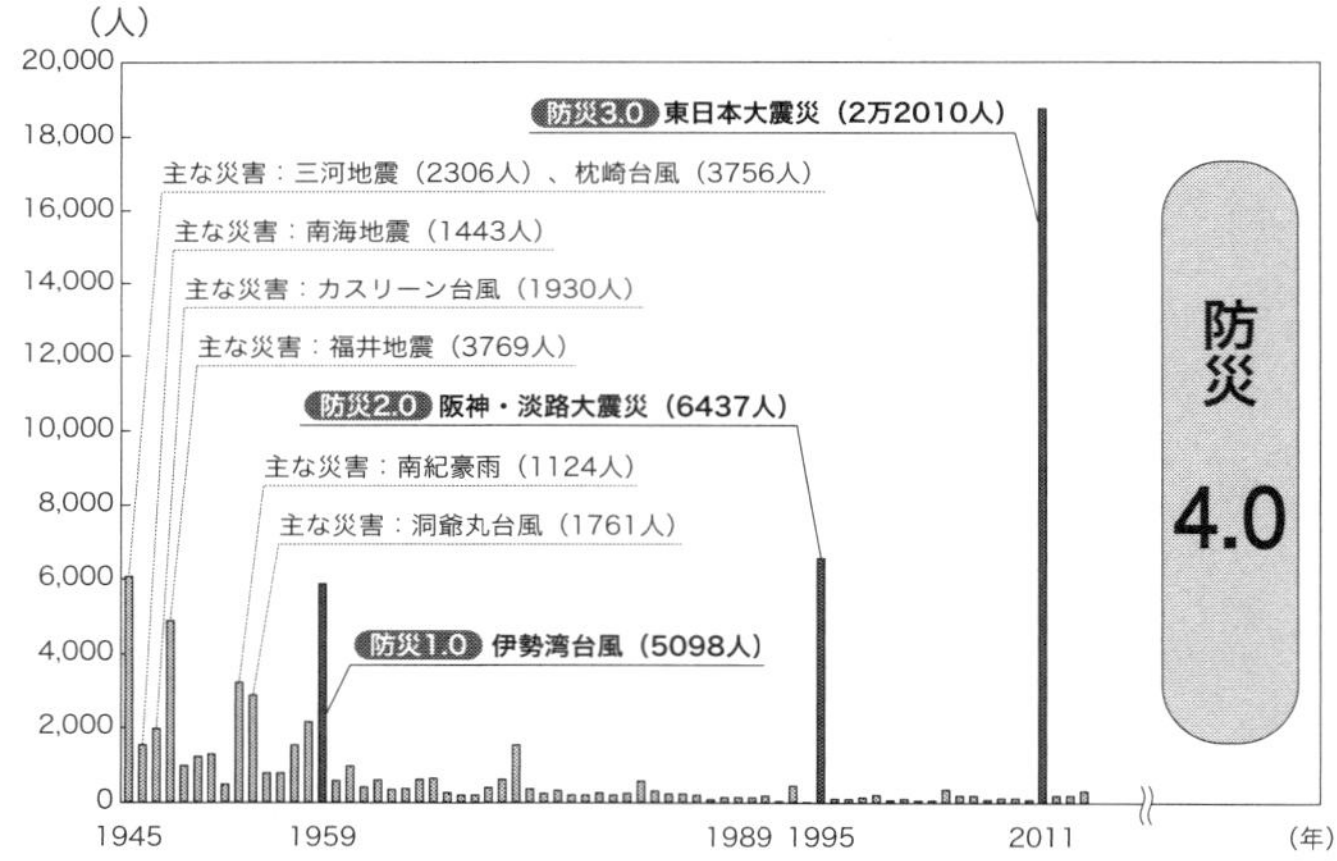

（人）
20,000
18,000
16,000
14,000
12,000
10,000
8,000
6,000
4,000
2,000
0
防災3.0 東日本大震災（2万2010人）
主な災害：三河地震（2306人）、枕崎台風（3756人）
主な災害：南海地震（1443人）
主な災害：カスリーン台風（1930人）
主な災害：福井地震（3769人）
防災2.0 阪神・淡路大震災（6437人）
主な災害：南紀豪雨（1124人）
主な災害：洞爺丸台風（1761人）
防災1.0 伊勢湾台風（5098人）
防災
4.0
1945
1959
1989
1995
2011
（年）

出典：平成28年版「防災白書」より作成

とはありませんか。地球温暖化に伴う気候変動により、災害の激しさが増しつつあります。こうした今後の災害への備えの考え方をお示ししますが、私はそれを「防災４・０」と呼んでいます。

第二章では、様々な条件下にある四家族を想定して作り上げた四つのストーリーをお読みいただきます。地震や台風などが発生すると身の回りで何が起きるのか、また事前に「備え」をしておくことで、どのように被害を軽減できるのか、あるいは事前に備えていなかったことで、どのような事態に陥ってしまうのか、主人公とともに考えていただきたいと思います。

この本で紹介している四家族のシミュレーションは、すべての日本人に何らかの形で共通点が見出《みいだ》せます。本書が、皆様の災害への備えに向けた第一歩となれば幸いです。国や地域の施策を学び、あなたが自分の手で家族を守ることは、一〇〇%可能なのです。私が防災担当大臣として取り組んできた仕事の集大成、自信作です。

二〇一六年九月

前内閣府特命担当大臣（防災）　河野太郎《こうのたろう》

「防災4・0」未来構想プロジェクト有識者委員

飯尾《いいお》 潤《じゅん》　国立大学法人政策研究大学院大学教授

江守正多《えもりせいた》　国立研究開発法人国立環境研究所
地球環境研究センター気候変動リスク評価研究室長

加藤秀樹《かとうひでき》　一般社団法人構想日本代表理事

黒川《くろかわ》 清《きよし》　国立大学法人政策研究大学院大学客員教授

住《すみ》 明正《あきまさ》　国立研究開発法人国立環境研究所理事長

高瀬香絵《たかせかえ》　国立研究開発法人科学技術振興機構
低炭素社会戦略センター特任研究員

船橋洋一《ふなばしよういち》　一般財団法人日本再建イニシアティブ理事長

松井孝典《まついたかふみ》　千葉工業大学惑星探査研究センター所長

地震・台風・土砂災害・洪水から家族を自分で守る

防災完全マニュアル◉目次

第一章　防災政策の過去と未来

第二章　地震・台風・土砂災害・洪水に遭遇した四家族

地震　都心のマンションに住む主婦・大崎亜由美（三五歳）の場合

台風　地方でコンビニを経営して家族を養う山岡昌斗（四三歳）の場合

第一章　防災政策の過去と未来

◎「災害大国」の歴史

我が国は、ときに「災害大国」と呼ばれるほど、その地理的な、あるいは自然的な条件から、様々な災害による被害を受けやすい特性を有しています。

まずは、これまでの度重なる大災害を受けて、どのような取り組みが行われてきたのかを見ていきましょう。

戦後、我が国の防災に関する取り組みの大きな転換点となってきた三度の大災害がありました。一九五九（昭和三四）年の伊勢湾《いせわん》台風、一九九五（平成七）年の阪神《はんしん》・淡路《あわじ》大震災、そして二〇一一（平成二三）年の東日本大震災です。

私は、これらの大災害を通じ、得られた反省点や教訓は何かという点を再度、振り返りました。そして、その間の考え方の変化や、段階的に講じられてきた措置《そち》について、それぞれを「防災1・0」「防災2・0」「防災3・0」と捉え、気候変動がもたらす災害の激甚化《げきじんか》に備えるための契機とする今般の取り組みを「防災4・0」と命名しました。

「防災1・0」から「防災3・0」の概要は次のとおりです。

◎「防災1・0」一九五九年の伊勢湾台風

一九五九年九月に日本を襲った伊勢湾台風は、ほぼ全国で最大瞬間風速三〇メートルを超えるという大規模な台風でした。死者・行方不明者数五〇九八名、全壊・流出家屋数四万八三八棟という、戦後間もない我が国において、多数の人的・物的被害をもたらしました。

当時はまだ、大規模災害に対する政府の体制整備は進んでいませんでした。また、災害関係の法律が一本化されておらず、各機関の役割や責任の所在も不明確で、緊急時に行政が効率的かつ効果的に機能しませんでした。

こうした状況を改善するため、我が国の戦後災害対策の第一段階として、災害対策の最も基本となる法律である「災害対策基本法」が一九六一（昭和三六）年に制定されました。この法律の制定により、内閣総理大臣を会長とする「中央防災会議」が設置され、防災に関する長期的な計画である「防災基本計画」が作成されるなど、災害対策全体を体系化し、総合的かつ計画的な防災行政の整備及び推進を図るための体制が作られました。

災害対策基本法の制定のきっかけとなった伊勢湾台風、これを「防災1・0」と位置付けます。

◎「防災2・0」一九九五年の阪神・淡路大震災

五〇九八人が亡くなった伊勢湾台風後しばらく、死者が数千人規模に及ぶような目立った大災害はありませんでした。そんななか一九九五年に起こった阪神・淡路大震災は大きな衝撃を与えました。

真冬の早朝、都市の直下を震源とする大規模地震により、住宅の倒壊、ライフラインの寸断、交通システムの麻痺《まひ》、膨大《ぼうだい》な被災者の発生など、都市型災害による甚大《じんだい》な被害をもたらし、六四三七人もの方が亡くなりました。また、政府、総理官邸における危機管理の体制や、初期情報の把握・連絡体制の不全も指摘されました。

これらを受けて、次の措置《そち》が講じられました。

①官邸における緊急参集チームの設置など政府の初動態勢の整備
②建築物の「耐震改修促進法」の制定
③「被災者生活再建支援法」(自然災害によりその生活基盤に著しい被害を受けた者に対し、都道府県が相互扶助の観点から拠出した基金を活用して被災者生活再建支援金〈最大で一世帯あたり三〇〇万円〉を支給することにより、その生活の再建を支援し、もっ

て住民の生活の安定と被災地の速やかな復興に資することを目的とする法律）の制定
一方、「ボランティア元年」と呼ばれるように、全国から一年間で延べ約一三七万人がボランティアに駆けつけてくれました。このことから、自主防災組織の育成やボランティアによる防災活動の環境整備が、先に述べた「災害対策基本法」に位置付けられました。
このような変化があった阪神・淡路大震災、これを「防災２・０」と位置付けます。

◎「防災3・0」二〇一一年の東日本大震災

そして、二〇一一年の東日本大震災。マグニチュード九・〇という我が国観測史上最大の巨大地震でした。そして、大津波の発生により、東北地方の沿岸部を中心に、甚大かつ広域的な被害をもたらし、二万二〇一〇人もの方が亡くなりました。さらに、東京電力福島第一原子力発電所が破壊的な事故を起こしました。

この地震が発生すると、最大クラスを想定した災害への備えが不十分であったこと、自然災害と原子力事故災害の複合災害の想定が不十分であったことなどが指摘されました。

東日本大震災のあと、以下の措置が講じられました。
①大規模地震の被害想定や対策の見直し

②「減災」の考え方を初めて防災の基本理念として位置付け
③想定し得る最大規模の地震や洪水などへの減災対策
④原子力規制委員会の設置など原子力政策の見直し

最大クラスを想定した災害への備えとして、たとえば想定し得る最大規模の洪水などへの対策については、二〇一四（平成二六）年の「海岸法改正」、二〇一五（平成二七）年の「水防法改正」などが行われてきました。

これ以外にも「災害対策基本法」の改正により、災害によって地方公共団体の機能が著しく低下した場合、国が災害応急対策を応援し、応急措置を代行する仕組みを創設することが盛り込まれました。また、「大規模災害からの復興に関する法律」の制定が行われたことも特徴の一つとして挙げられるでしょう。

◎気候変動で激変する災害

ここまでの大災害、そしてその教訓を踏まえた対策を振り返りました。

大災害といえば、まず激甚な被害を及ぼす大地震が挙げられます。特に、我が国の中枢機能の被災が懸念《けねん》される首都直下地震（マグニチュード七クラス）、広域に被害が及ぶことが懸念される南海トラフ地震（マグニチュード八から九クラス）については、それぞれ今後三〇年間における発生確率が七〇％と推計されています。また、二〇一六（平成二八）年四月の熊本地震のような直下型地震は、いつどこで発生してもおかしくありません。

さらに、気候変動が影響を与える風水害（豪雨、台風、高潮など）も、今後の対策が必要です。水害といえば、二〇一四（平成二六）年八月の広島土砂災害、二〇一五（平成二七）年九月に発生した関東・東北豪雨などが記憶に新しいところです。これら以外にも、近年、各地で発生している極端な集中豪雨を挙げれば枚挙に暇《いとま》がありません。

◎世界的な地球温暖化の結果

このような風水害の激甚化の背景には、地球温暖化の進行があると考えられています。「気候変動に関する政府間パネル（ＩＰＣＣ）第五次評価報告書」によれば、将来、温室効果ガスの排出量がどのように変化したとしても、世界の平均気温は上昇し、二一世紀末に向けて、気候変動のリスクが高くなると予測されています。

過去に観測された指標のトレンドからは、気候システムの温暖化には疑う余地がありません。また、一九五〇年代以降に観測された変化の多くは、過去に前例のないものです。

大気と海洋の温度は上昇し、雪氷の量は減少し、海面水位は上昇しています。地上気温は、評価されたすべての温室効果ガス排出シナリオにおいて二一世紀中は上昇し続け、海洋でも水温が上がり、世界平均海面水位の上昇が続くことが予測されています。

そんななかで、我が国における気候変動の観測結果と将来予測は以下のようになっています。

①年平均気温

一八九八〜二〇一四年において、一〇〇年あたりに換算して、約一・一五℃上昇しています。日最高気温が三五℃以上（猛暑日）の日数は、一九三一〜二〇一三年において増加傾向が明瞭に現れています。

全国の年平均気温の将来気候（二〇八〇〜二一〇〇年平均）と現在気候（一九八四〜二〇〇四年平均）の比較では、現状以上の温暖化対策を取らなかった場合は四・四（三・四〜五・四）℃上昇、厳しい温暖化対策を取った場合でも、一・一（〇・六〜一・七）℃上昇すると予測されています。

②降水量

一日の降水量二〇〇ミリ以上の日数は、一九〇一～二〇一三年において増加傾向が明瞭に現れている一方で、日降水量一ミリ以上の日数は減少しています。

地域気候モデルの予測結果によると、今後、短時間の強雨の頻度が、我が国すべての地域で増加する一方で、無降水日数（日降水量一ミリ未満の日数）も増加すると予測されています。

◎地球温暖化と気候変動に対して国は

増大する温室効果ガスの排出を受けて、地球温暖化は今後も進んでいくことが予測されています。温暖化による気温上昇が進行することで、農業、経済、健康の各分野はもちろん、災害の様相も変貌《へんぼう》していくことがわかっています。

こうした気候変動に対応するため、二〇一五年一一月、初めて「気候変動の影響への適応計画」を閣議決定したほか、同一二月にはＣＯＰ21（気候変動枠組条約第21回締約国会議）におけるパリ協定が採択されました。この協定は、先進諸国だけでなく、発展途上国も参画し、世界の平均気温の上昇を二℃（できれば一・五℃）未満にとどめようという国際的な枠組みです。

このように、今後、国を挙げて適応のための取り組みが強力に進められるべきであり、諸国とも連携・協力して、地球温暖化による負の影響をできる限り食い止めていくことが必要なのは、いうまでもありません。

◎温暖化で激甚化する自然災害

地球温暖化に対する世界的な取り組みを進めていくとしても、地球温暖化は一定程度進行することは疑う余地がありません。それでは気温が上昇すると、どのような現象が発生するのでしょうか。

一般に、大気の温度が上昇すると、大気中に含まれる水蒸気量が増加します。これは、降水強度が増すことを意味しており、これまでにも年を追って降水量が増加し、世界各地で水害が頻発しているという現実があります。

そのため、降雨量が一〜三割も増加し、短時間の強雨や大雨が発生、そして、全国各地で毎年のように甚大な水害（洪水や高潮）が発生すると予測されています。

一方、台風の発生する「数」は減少すると予測されています。ただし、「強い台風」の発生数は増加、その強度も強まり、もたらされる降雨量も増加すると見られます。

このように降水強度が増すことで、現在、たとえば「三〇〇年に一度」の頻度で発生するとされている豪雨が、「一〇〇年に一度」の頻度で発生するようになるでしょう。また、気候変動に伴う海面水位の上昇による影響も看過できません。これに加え、強い台風による高潮の増大や波浪の強大化により、海岸における背後地の被害や海岸浸食の影響の深刻化が懸念されます。

このほか、短時間の強雨や大雨の増加に伴う土砂災害の発生頻度の増加、突発的で局所的な大雨により、避難する時間がないままに起きる土砂災害の頻発、台風による記録的な大雨に伴う深層崩壊（山崩れ・崖崩れなどの斜面崩壊のうち、すべり面が表層崩壊よりも深部で発生し、土層だけでなく深層の地盤までもが崩壊土塊となる比較的規模の大きな崩壊現象）の増加も懸念されます。

たとえば首都圏では、一九四七年（昭和二二年）にカスリーン台風が襲来した際には、埼玉県で利根川本川の堤防が決壊し、東京都区部に及ぶ広範囲な洪水となり、大きな被害が発生しました。その後、堤防などの施設整備は着実に進められ、相当程度の洪水や高潮には対応できるようになってきましたが、仮に再びカスリーン台風級の台風が襲来した際には、堤防などでは防ぎきれません。

二〇一〇年（平成二二年）に中央防災会議の専門調査会は、荒川が決壊した場合の浸水想定区域内人口を一二〇万人、利根川が決壊した場合では二三〇万人と想定しています（一七〇～一七一ページ参照）。高度に都市化が進んだ首都圏では、一九四七年のカスリーン台風当時をはるかに上回る甚大な人的・物的被害が発生することとなります。

気候変動の影響は降雨にとどまりません。冬季の降雪にも変化が及びます。気象庁気象研究所の報告によると、気温上昇により、全国的には降雪量が減少するものの、一部地域では豪雪が頻繁に起こるようになります。また、短時間での降雪量が増加することで、いわゆる「ドカ雪」が頻発することになるのです。

今後、気候変動が大きくなるにつれて、特に風水害や雪害における災害のレベルが高まることはほぼ間違いないでしょう。

ただし、受ける被害は降雨の強さだけに左右されるわけではありません。これらを受け止める我が国社会の「脆弱性《ぜいじゃくせい》」の変化を考慮する必要があるのです。

つまり、インフラ整備や一人一人の防災意識の向上によって災害リスクを軽減できる一方で、高齢社会の進展や都市化によって脆弱性が高まり、災害リスクが増大することも考えられるのです。

◎国際化が及ぼす影響

ここからは、我が国を取り巻く国際化、人口減少・高齢社会化、都市化・地方の過疎化といった社会環境の変化と災害のリスクを関連させて、具体的に考えていきましょう。

企業の国際化が進むことで、日本の災害が国際経済に及ぼす影響も無視できなくなっています。東日本大震災では、東北地方に多くの工場が集中している自動車産業や電子産業の部品製造が停止し、サプライチェーンが寸断され、海外の生産工場の操業が一時停止するという事態も生じています。

このような状況のなか、災害をはじめとする企業が抱える様々なリスクについて、国内にとどまらず、国際的な視点でリスクの分散・移転を行うことや、事業者が被災した際の事業継続のため保険や多様なリスクファイナンスの活用で経済的に備えることが、今後の重要な観点になります。

◎人口減少と一極集中の結果

我が国の人口は、二〇〇八年（平成二〇年）をピークに、すでに減少局面に転じています。国立社会保障・人口問題研究所の二〇一二年（平成二四年）推計では、二〇五〇年には一億人を割り込み、約九七〇〇万人まで減少すると予測されています。

一方、全人口に占める六五歳以上の高齢者の割合は、現在の約二八％から約三九％にまで上昇することが見込まれています。このことは、生産年齢人口の減少という経済的な影響だけでなく、潜在的な要支援者の増加を意味し、特に災害発生時には顕著な影響をもたらします。

人口減少とともに、東京への一極集中に象徴される都市への人口の流入、地方からの流出は、我が国が抱える構造的な課題です。

我が国の都市人口比率はこれまで上昇を続けており、すでに九〇％（二〇一〇年、出典：国連）を超過しています。大都市では人口が増加し過密化する一方で、地方では人口減少と過疎化が進行しています。

防災分野に限った話ではありませんが、都市と地方それぞれにおいて、地域の特性に応じた対策を講じることが必要です。

二〇一四（平成二六）年の長野県神城《かみしろ》断層地震における白馬《はくば》村の対応についてご存じですか。この地震はマグニチュード六・七、最大震度六弱という強い地震でしたが、白馬村では負傷者四六名の被害はあったものの、一名の犠牲者も出すことはありませんでした。発災当時、白馬村では区長をはじめ地域住民や消防団の方が協力し合い、警察や消防による救出活動が始まる前に、倒壊家屋の下敷きとなった人の救助や高齢者に対する避難支援を行ったのです。

白馬村では日頃から地域の住民がお互いにコミュニケーションを図り、いざというときにお互いが協力し合う関係を創り上げていたため、このような迅速《じんそく》な対応ができたと考えます。我が国では、近年、地域の人々の結びつきが弱くなっているといわれていますが、こうしたことも含め、地域の特性に応じた対策が必要なのです。

また、我が国の社会問題を論じるに当たっては、厳しい財政状況を考慮することを避けて通るわけにはいきません。現在、我が国の長期債務残高は、国及び地方の合計で一〇〇〇兆円（平成二七年度末実績見込み一〇三五兆円）を超えており、これは、歴史的にも国際的にも例を見ない水準です。

さらに高齢社会の進展により、今後も社会保障給付費の急激な増加が見込まれています。財政健全化に向けた取り組みは喫緊《きっきん》の課題であり、今後の防災対策を講じるには、現下の厳しい状況を前提とした財政制約のなかで、考えていく必要があります。

一方で、二一世紀初頭のＩＴ革命以降、情報通信技術分野は目覚ましい発展を遂げています。特に、情報通信技術分野においては、民間の創意工夫を促すことが、斬新なアイデアによる新たなサービス提供につながります。防災分野においても、こうした情報通信技術とその民間による創意工夫を最大限に活かしていけば、災害リスクを減らしていくことが期待できます。

◎「防災４・０」で変わる日本

先に述べたとおり、気候変動によって、これまでの想定を大きく上回る豪雨などが高頻度化します。これまでの前提であった「一〇〇年に一度」「五〇年に一度」の災害に備えるという尺度が崩れさり、従来の対策では安全とされてきたものが通用しなくなるという深刻な問題が生じつつあります。

国民一人一人が、防災の前提が変わっていることを認識する必要があります。ハード対策を全国で完遂させるには相当の期間を要します。そして、その間に大規模災害が発生する可能性は高まるばかりです。

仮に計画どおりに整備事業が行われても、それすら超える激甚災害が襲ってくることも想定しなければいけないでしょう。行政は「公助」として体制整備やハード対策をしっかりと進めますが、もはやそれだけで災害を完全に防ぐことはできないということを、冷静に受け止めなければいけないのです。

また、たとえば「首都直下地震における具体的な応急対策活動に関する計画　二〇一六年三月二九日」（中央防災会議幹事会）においても、物資について「国は、遅くとも発災後三日目までに、一都三県の広域物資輸送拠点に対して、必要量の輸送を行う」ことや、「発災から三日間は家庭などの備蓄と被災地方公共団体における備蓄で対応することを想定し、国が行うプッシュ型支援（被災都県からの具体的な要請を待たないで、避難所避難者への支援を中心に必要不可欠と見込まれる物資を調達し、被災地に物資を緊急輸送すること。二〇一六年の熊本地震でも実施された）は遅くとも発災後三日目までに、必要となる物資が一都三県に届くよう調整する」というように、政府が発災後即座に対応することには限界があることを示しています。

このような状況のもと、政府としては、増大する自然災害の脅威により、従来の「完全防御」から「減災」への転換を進めざるをえません。

このため、国民一人一人や企業などが災害リスクに主体的に向き合うために必要な情報を十分に共有しつつ、自らの課題として自ら備える意識が醸成されるような取り組みを促す必要があるのではないでしょうか。

たとえば水害に関する情報であれば、手っ取り早い手段としてハザードマップがあります。ハザードマップで自宅が浸水する恐れがどのくらいあるのかを確認し、正しい災害リスクを知ることが必要なのです。

◎地震保険の有用性を知ると

「自助」についていえば、一人一人が最低でも三日分の水と食料、そして簡易トイレなどの備蓄を行うことは、最も大事なことといえるでしょう。

また地震を例に取ると、万が一被災してしまった場合、行政から条件に応じて被災者生活再建支援金が支給されますが、それだけで元の生活を取り戻すことはできません。そのために地震保険がありますが、地震保険の世帯加入率は二〇一四年度末現在、二八・八％(出典：損害保険料率算出機構)にとどまっています。地震保険は家屋や家財が補償対象となっており、上手に活用すれば非常に有効な備えになるのです。

また「共助」であれば、たとえば「地区防災計画」があります。「災害対策基本法」に基づいて「中央防災会議」が作成するのが「防災基本計画」、都道府県や市町村が作成するのが「地域防災計画」ですが、それよりももっと小さな自治会や小学校の学区単位で作成するのが「地区防災計画」です。

「地区防災計画」は、地区の防災訓練や物資の備蓄、その他防災活動に関することを定め、それを市町村の「地域防災計画」に提案できるという仕組みになっており、このような事柄から取り組むのが、「共助」の第一歩になるでしょう。

◎誰かが頑張るのではなく

二〇一五年一〇月に防災担当大臣に就任してから、このような問題意識とともに、「迫り来る災害に備え、私は何をすべきか」ということを、ずっと考えました。

災害対策で重要なことは、平常時から災害発生時や発災後まで、その段階に応じて、行政（国・地方公共団体）、住民・企業などが、防災の正しい知識を身に付け、それぞれ最善の対策を取ることです。そして、できるはずと思い込んでいることを、いま一度確認して備える、これが被害の軽減につながります。

つまり、発生した後に「誰か」が頑張るのではなく、普段から「一人一人」が、そして

「みんな」で当たり前のように備えるのです。

一人一人が災害リスクに向き合い、自らが主体的に行動するきっかけにしたい。これが、「防災4・0」を立ち上げた理由です。

行政（国・地方公共団体）のみならず、地域、経済界、住民、企業、NGO、学校などの多様な主体が、防災を自分のこととして捉え、相互のつながりやネットワークを再構築する。そうして社会全体の復元力を高め、自律的に災害に備える社会。これこそが「防災4・0」が目指す姿です。

行動を起こすのは、いまなのです。

なお、第一章は、二〇一五（平成二七）年一二月から始まった「『防災4・0』未来構想プロジェクト」による有識者提言〈二〇一六（平成二八）年六月二一日発表〉がもとになっていますが、ここでは書ききれない多くのことが議論されてきました。『防災4・0』未来構想プロジェクト」の特設ホームページがありますので、ぜひご覧ください。

(http://www.bousai.go.jp/kaigirep/kenkyu/miraikousou/index.html)

第二章　地震・台風・土砂災害・洪水に遭遇した四家族

地震

都心のマンションに住む主婦・大崎亜由美（三五歳）の場合

都内のマンションの一〇階に住む大崎亜由美《おおさきあゆみ》（三五歳）は、食品会社で働く夫の国照《くにてる》（三五歳）、娘のさくら（五歳）、義母の美佐代《みさよ》（七〇歳。ゆっくりなら自分で歩くことができるが、少し足が不自由）の四人暮らしである。

亜由美はもともと九州の離島出身であり、東京に住んでいた国照との結婚を機に八年前

に上京、結婚から三年後には子宝にも恵まれた。

一昨年、国照の父・翔一《しょういち》が他界したことをきっかけに、国照の母・美佐代を呼び寄せ、三五年ローンでマンションを購入、昨年から四人で生活している。生活は十分に裕福とはいえないので、さくらが幼稚園に通い始めたこともあり、亜由美はそろそろパートでも始められないかと考えていた。

亜由美は社交的な性格で地元九州には友だちも多かったが、せわしない東京の生活にはなかなか馴染《なじ》めず、マンション内にもあまり友だちがいなかった。一方、日頃、仕事の忙しい国照は、事実上、亜由美に美佐代やさくらの世話を押し付けてしまっていることや、平日は亜由美にほとんど顔を合わすことができないことに申し訳なさを感じていた。

これは二〇××年の冬の平日、夕方にさしかかった頃、首都圏を直下型地震が襲ったときのことである。

！地震発生（午後三時二一分）

亜由美の一日は四人分の朝ご飯を作ることから始まる。朝ご飯を終え、遊びたがる娘のさくらをせかせて幼稚園バスに乗せたと思えば、次は台所の片づけと洗濯。それが終わればまた、義母の分も含めた二人分の昼ご飯を作らなければならない。それを終えて夕飯の買い物を済ませたあと、娘が幼稚園から帰ってくるまでの間が、ようやく訪れた亜由美がほっと過ごせる唯一の時間である。

亜由美はお気に入りのコーヒーを淹《い》れながら、美佐代と一緒にテレビのワイドショーの災害特集を眺めていた。

二〇一一（平成二三）年三月に発生した東日本大震災から丸×年が経とうとしている。時の経過により、亜由美をはじめ多くの人々から震災の記憶が薄れ、三月一一日前後のテレビ特番を観ても、どこか遠い過去の出来事のように感じる。

「……平成二五年に政府の中央防災会議が算出した想定によりますと、冬の夕方の風速毎秒三メートルという条件下で首都直下地震が発生した場合、死者が最大約一万三〇〇〇～一万七〇〇〇人に達すると見込まれており……」

いまと同じような条件ではないかと思う反面、これまで大きな地震や災害には一度も遭遇したことのない亜由美は、テレビから流れてくる情報が我がことのようには捉えられていなかった。

「……また、平成二八年三月に政府の中央防災会議幹事会で決定されました『首都直下地震における具体的な応急対策活動に関する計画』では、首都直下地震が発生した場合、全国から支援が向かうこととなっており……」

亜由美は何となく聞いていたが、国が作る計画や被害想定には難しい言葉が多すぎて、さっぱり何のことだかわからない。

亜由美はテレビの画面をぼんやりと眺め、そろそろさくらを幼稚園に迎えに行く時間だと思いながら、コンロに載せっ放しになっていた鍋の火を消そうと、台所へ向かいかけた。すると、それは突然だった。

「ブワッ！　ブワッ！　ブワッ！　地震です！」

携帯電話から鳴り響く独特な警報音と同時に、テレビからも緊急地震速報を知らせる激しい音が聞こえてきた。

「地震です！　地震です！」

解説　緊急地震速報を発表してから強い揺れが到達するまでの時間は、数秒から長くても数十秒程度と極めて短く、震源に近いところでは、速報が間に合わないケース

もある。

亜由美がその音に驚いてテレビを振り返った瞬間、地面から突き上げられるような縦揺れの衝撃を受け、続けざまに激しい横揺れの衝撃を受けた。

亜由美はひっくり返るように転がり、床に叩きつけられた。窓はガチャガチャと激しい音を立てながら揺れ、キャスター付きの棚が右に左に走り回り、テレビは宙を舞って壁に激突した。

タンスや本棚は転倒防止用の突っ張り棒を設置していたが、取り付け方がいい加減だったのか、多少持ちこたえたものの、いとも簡単に倒れてしまった。クローゼットのなかの荷物も次々と飛び出し、熱帯魚を飼っていた水槽が床に落ちて割れ、辺りを水浸しにした。

亜由美は悲鳴のような声で美佐代を呼びながらも、阪神・淡路大震災や東日本大震災で多くの火災が発生したことを思い出し、コンロの火を消すべく、這《は》いつくばるようにしながら台所へと向かった。台所では食器棚から皿やグラスなどが次々と落下し、冷蔵庫と電子レンジが同時に倒れ、中身が飛び出した。

教訓 災害時において、家具類の転倒・落下は、直接当たって怪我《けが》をするだけでなく、つまずいて転ぶ、割れた食器やガラスを踏む、避難通路をふさぐなど、様々な危険をもたらすことがある。「大地震では、家具は必ず倒れるもの」と考えて、日頃から家具の固定や配置の見直しで、室内に安全空間を作ることが大切である。

①家具を置かない

寝室、子ども部屋、居間など、家族が長時間過ごす部屋にはできるだけ家具を置かないようにする、家具をひとつの部屋にまとめる、作りつけの家具を使う、背の低い家具だけを置く、などを検討することが必要である。

②家具の向きを考えて配置

家具を設置する際、家具が倒れたときに寝ている人や座っている人を直撃しないように、また出入り口をふさがないようにするなど、生活に応じた設置を検討してほしい。

③家具を置く場合は、固定して転倒防止

家具の固定は、「正しく」行わなければ効果が発揮されないことがある。亜由美も同様の状況となったが、事前に家具を固定していながら、それが不十分であったために効果がなかったという事例もある。

適切な家具固定の器具を選んで正しく取り付けてほしい。家具類の固定については、地方公共団体や消防署でも相談を受け付けている。

・家具固定器具には、金具で家具と壁を直接固定するL字《エルじ》金具のほか、ベルトタイプなどもある。

・主なメーカーの冷蔵庫などの背面上部には、ベルト取り付け口や取っ手があるので確認してみてほしい。また、強力な粘着テープで貼り付けられるベルトもある。

・積み重ね式家具類は、連結金具などで上下を連結しておく。

・家具と壁を直接固定できない場合などは、天井と家具の間に設置するポール式器具(つっぱり棒)と、家具と床の間に挟んで家具を壁側に傾斜させるストッパー式器具など、二つ以上の器具を組み合わせると効果が高くなる。

家具や家電を固定する方法

亜由美の自宅は対策が不十分であったため家具の被害が多数発生した。家具や家電の固定は地震への備えの基本として非常に重要である。

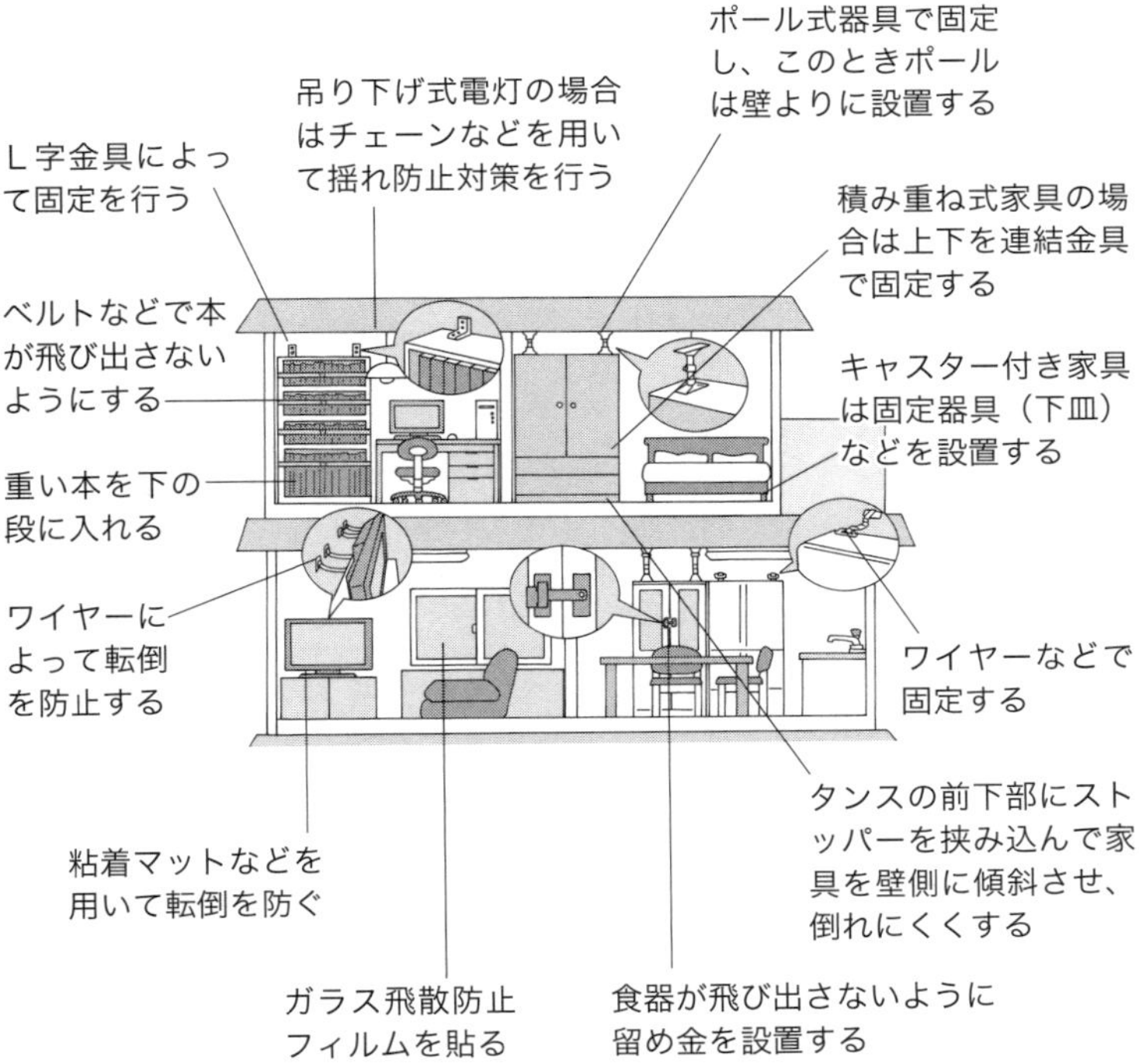
ポール式器具で固定し、このときポールは壁よりに設置する
吊り下げ式電灯の場合はチェーンなどを用いて揺れ防止対策を行う
L字金具によって固定を行う
積み重ね式家具の場合は上下を連結金具で固定する
ベルトなどで本が飛び出さないようにする
キャスター付き家具は固定器具（下皿）などを設置する
重い本を下の段に入れる
ワイヤーによって転倒を防止する
ワイヤーなどで固定する
タンスの前下部にストッパーを挟み込んで家具を壁側に傾斜させ、倒れにくくする
粘着マットなどを用いて転倒を防ぐ
ガラス飛散防止フィルムを貼る
食器が飛び出さないように留め金を設置する

出典：政府広報オンライン

・地震の激しい揺れで棚から飛び出した食器や割れたガラスは凶器になる。食器棚の開き戸は、開かないように扉開放防止器具（開き扉ストッパー）などの留め金を付けたり、ガラス部分にはガラス飛散防止フィルムを貼るなどの対応を行ってほしい。

・家具固定器具購入費の助成を行っている市区町村もある。また、市区町村などのウェブサイトでは、家具固定の方法や器具の種類などを紹介しているところもあるので参照してほしい。

亜由美は必死の思いでコンロにたどり着き、火を消そうと手を伸ばしたが、火はすでに自動的に消えていた。そのため危険な台所から離れようとしたが、地震の激しい揺れによって自らの意志で動くことができず、伏せるような状態になっていた。

すると、いままで持ちこたえていた鍋がひっくり返り、亜由美は腕に熱湯をかぶる……一瞬、訳がわからなかったが、次第に腕全体に激しい痛みが広がり始めた。亜由美は呻《うめ》き声をあげながら、這いつくばって台所を離れた。

教訓 近年のガスコンロは、自動的に消火されるタイプのものが増えてきており、揺れが続いているときに無理に消火しようとするのは、かえって危険である。

一五秒ほど揺れが続き、地震の震動は徐々に落ち着き始めた。亜由美は壁にもたれ掛かりながら何とか立ち上がり、美佐代を探しにリビングに向かった。部屋のなかは、全体をミキサーでかき回したかのような惨憺《さんたん》たる光景……家具はどこに置いてあったのかもわからないような状況であった。

解説 日本付近で発生する地震による強い揺れは、マグニチュード七クラスの地震であれば約一〇秒間、マグニチュード八クラスの地震であれば約一分間、マグニチュード九クラスの地震であれば約三分間継続する。たとえば一九九五年（平成七年）阪神・淡路大震災では一五秒程度、二〇一一年（平成二三年）東日本大震災では、長く続いたところで約三分程度であった。

ぐちゃぐちゃになった家具にはばまれ、亜由美は美佐代の姿を見付けることができなか

器具なしで家具の転倒を防止する方法

家具の転倒防止のための器具が準備できない場合、以下のような方法で簡易的に対応することもできる。

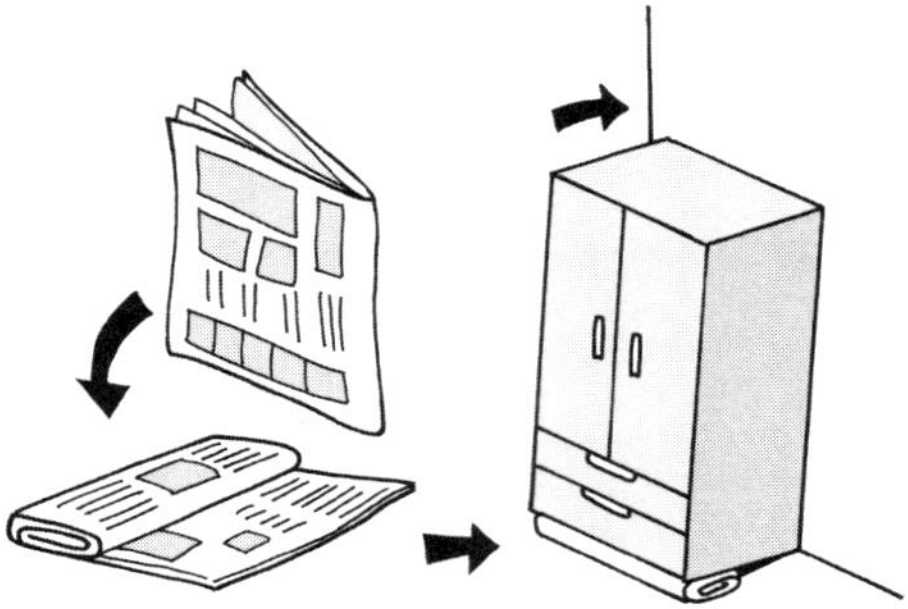

新聞紙をたたんだもので、
家具を壁側に傾斜させる。

＋

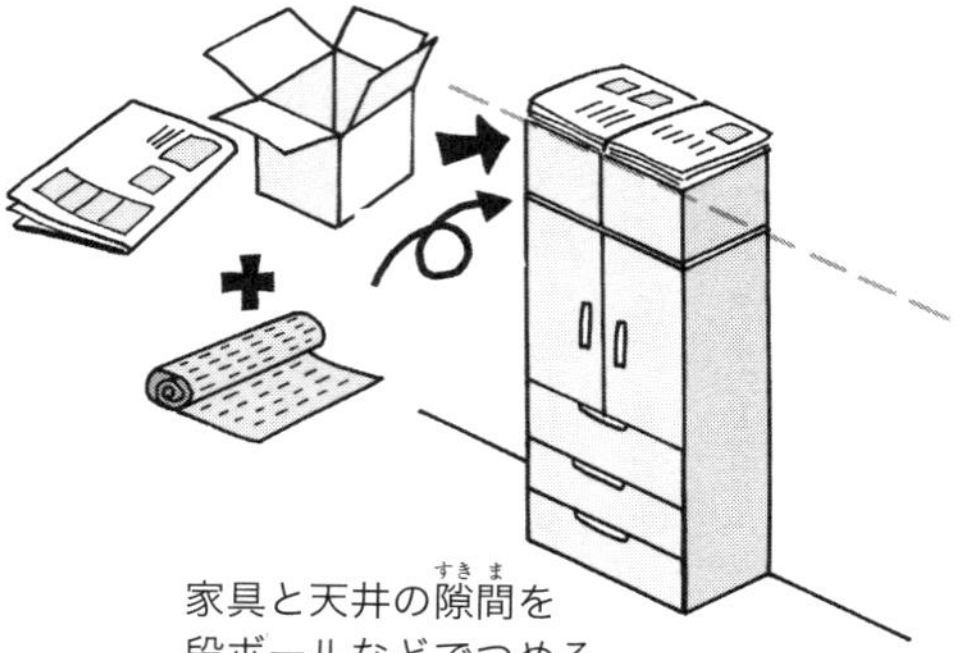

家具と天井の隙間《すきま》を
段ボールなどでつめる。

出典：平成25年度広報誌「ぼうさい」（内閣府）

ったが、部屋から漏れ聞こえる声を聞いて、ソファと炬燵《こたつ》の間から顔を出す美佐代を発見した。どうやら地震の揺れで、偶然、転がり込んだらしい。

亜由美は足の踏み場もなくなった部屋で、散らばったものをかき分け、かき分け、美佐代に近寄った。美佐代は激しい揺れによって飛んできた本が顔に当たり、額にこぶを作っていたが、ソファと炬燵の上に倒れ込んだ本棚が屋根代わりになったためか、大きな怪我《けが》はないようだった。しかし、その上には本棚や家具が折り重なるように倒れ込んでおり、亜由美一人で助け出すことは不可能だった。

美佐代の無事を確認し、助けを呼んでくる旨《むね》を告げ、亜由美はものが散乱し、めちゃくちゃになった廊下をふらふらと歩いて、玄関を目指した。

玄関にたどり着いたところで再度、遠くからの地鳴りのような音を聞いた。その瞬間、先ほどよりは小さいものの、再度の激しい揺れとともに、亜由美は廊下の壁に叩きつけられ、傾いていた玄関の下駄箱が大きな音を立てて倒れた。

教訓　大地震のあとには余震として大きな揺れが続くことが多く、二〇一六年の熊本地震では、震度一以上の余震が一八〇〇回以上も発生している（七月一二日現在）。

解説 ストーリー上では取り上げていないが、南海トラフ地震のような規模の大きい地震が発生すると、周期の長いゆっくりとした大きな揺れが生じる。このような地震動のことを長周期地震動という。

建物には固有の揺れやすい周期（固有周期）があり、地震波の周期と建物の固有周期が一致すると「共振」して、建物が大きく揺れるケースがある。

高層ビルの固有周期は低い建物の周期に比べると長いため、長周期の波と共振しやすく、共振すると高層ビルは長時間にわたり大きく揺れる。

亜由美は揺れが収まるのを待ってよろよろと立ち上がり、倒れた下駄箱の上に乗りながら、玄関のドアを開けようと力を込めて押した。しかしドアが開かない……地震でドア枠がゆがんでしまっており、開かないのである。全体重をかけて力いっぱい押し、やっとのことでドアが開いた。

木造住宅密集地域

東京都内において都心部を中心に木造住宅密集地域が広がっている。

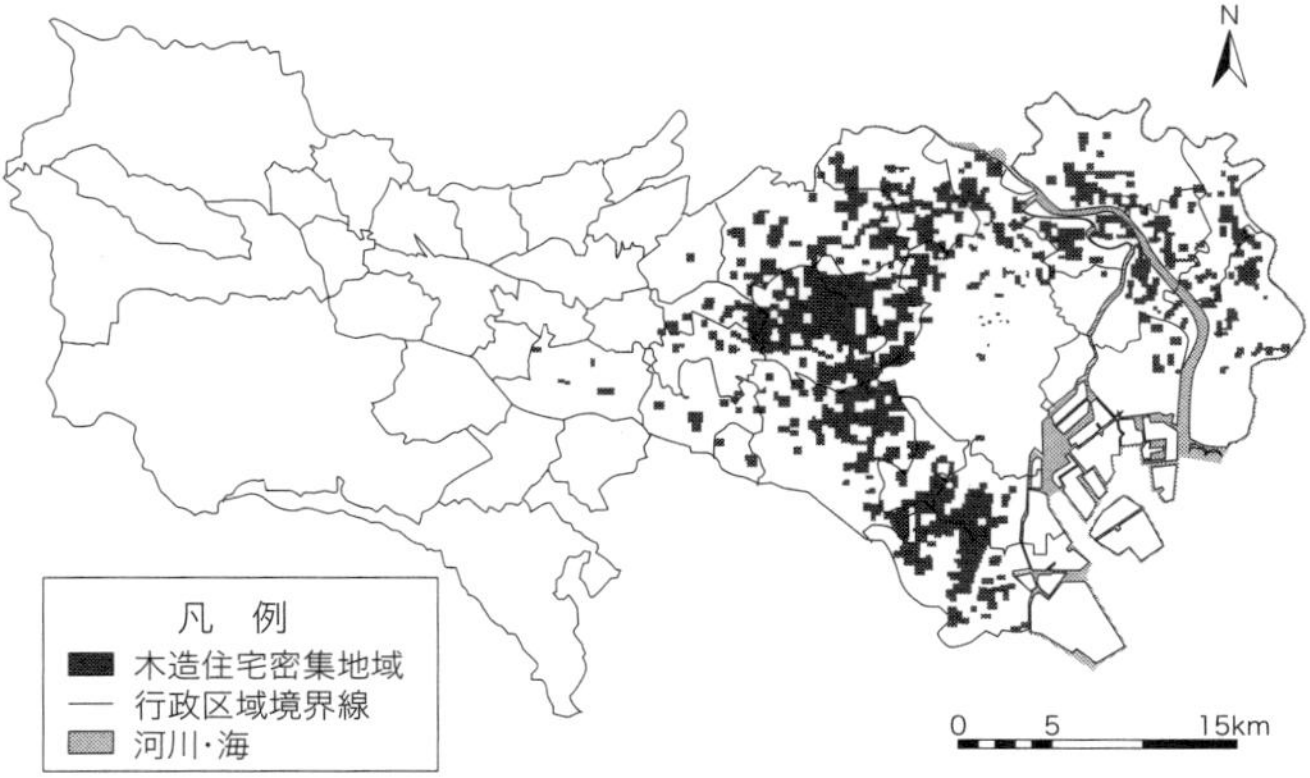

出典：東京都建設局ホームページ

！脱出（午後三時三五分）

外は晴れていたが冬のからっ風が強く、冷たい空気が顔に吹きつける。共用廊下には他の部屋からも出てきた住人が数名いたが、みな呆然《ぼうぜん》と立ちつくしていた。

共用廊下から北側に見えるマンション周囲の街からは黒い煙が数ヵ所立ち上っており、遠くのほうから消防車のサイレンと鐘の音が聞こえていた。

このマンションは都市再開発により比較的最近建てられたが、逆にマンションの周辺地域は道幅が狭い木造住宅密集地域、すなわち震災時に延焼被害の恐れのある老朽木造住宅が密集している場所が多く残っている。

このような街のつくりを受け、亜由美の住むマンション一帯は「地区内残留地区」として指定を受けている。

そのため、火災の延焼の心配はないことになっているが、亜由美は「地区内残留地区」であったとしても、家のなかが火事になったら結局意味がないという国照の意見を受け、失火防止のため自宅に「感震ブレーカー」を設置していた。

解説 「地区内残留地区」とは、地区の不燃化が進んでおり、万が一火災が発生しても、地区内に大規模な延焼火災の恐れがなく、広域的な避難を要しない区域のこと。東京都区部では、二〇一三年（平成二五年）五月現在で三四ヵ所、約一〇〇平方キロメートルが指定されている。
地区内残留地区は不燃領域の範囲によって指定される。たとえば千代田区は全域が地区内残留地区として指定されている。中央区では浜離宮恩賜庭園、港区であれば海岸沿いの地域などが地区の指定を受けている。

教訓　「感震ブレーカー」とは、一定以上の地震の揺れにより、各家庭への電気の供給を自動的に遮断することで、電気に起因する出火を防止する装置。

阪神・淡路大震災や東日本大震災における火災の発生事例によると、地震の揺れにより居室内の書棚や整理ダンスなどの転倒により可燃物が散乱し、通電中の電気ストーブなどに着火するような事例が報告されている。電熱器具を使用していなかった場合でも、家具などが転倒し覆いかぶさってスイッチが入ったり、オーブントースターなどが棚から落下した衝撃でスイッチが入ったことで出火した事例や、それに加えて電気が復旧し通電することによって発生する火災も見られた。

これら電熱器具以外でも、地震の揺れに伴う家具の転倒、落下物などにより家電製品のコードの被覆が損傷・短絡し、近くの可燃物に着火したり、電源コードが強く引っ張られて半断線となり、断線部で発熱し出火したような事例も報告されている。

大規模地震時の電気に起因する火災は、このような様々な状況下で発生しており、これらを合わせると、総出火件数の半数以上に上るものと考えられている。火災に対する備えもしっかりと取り組んでいただきたい。

なお、これらを防ぐ装置が「感震ブレーカー」であるが、その電力供給を遮断する

感震ブレーカー

感震ブレーカーには以下のような４つのタイプがある。なお、亜由美宅では最も安価な「簡易タイプ」を設置していた。

分電盤タイプ（内蔵型）	分電盤タイプ（後付け型）
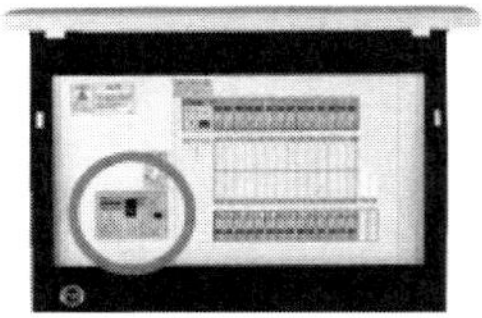	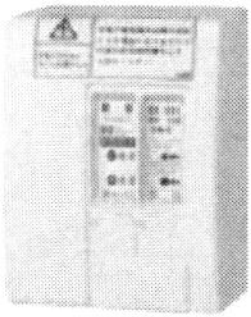
分電盤に内蔵されたセンサーが揺れを感知し、ブレーカーを落として電気を遮断。	分電盤に感震機能を外付けするタイプで、漏電ブレーカーが設置されている場合に設置可能。
約5万～8万円（標準的なもの）	約2万円
電気工事が必要。	電気工事が必要。

コンセントタイプ	簡易タイプ

コンセントに内蔵されたセンサーが揺れを感知し、コンセントから電気を遮断。	ばねの作動や重りの落下によりブレーカーを落として、電気を遮断。
約5000～2万円	3000～4000円程度
電気工事が必要なタイプと、コンセントに差し込むだけのタイプがある。	電気工事が不要。

出典：内閣府

ガラス飛散防止フィルム

ガラス飛散防止フィルムは窓ガラスに貼るのはもちろん、食器棚など窓以外でもガラスが用いられているところに有効である。

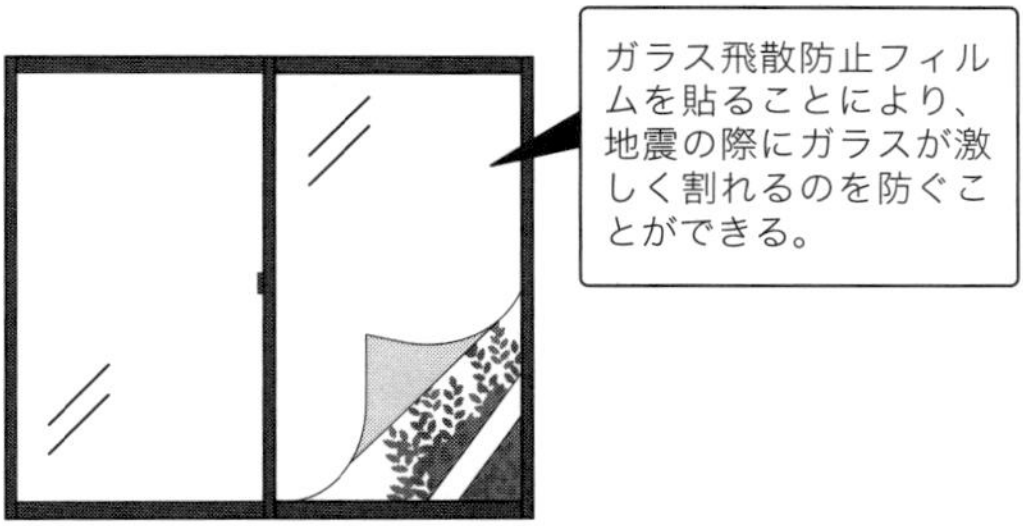
ガラス飛散防止フィルムを貼ることにより、地震の際にガラスが激しく割れるのを防ぐことができる。

出典：内閣府

範囲や方法の違いにより、分電盤タイプ、コンセントタイプ、簡易タイプに分かれている。

いま、地震によって共用廊下の壁面には、至るところに亀裂が走り、窓ガラスが割れてしまっている部屋も多数ある。亜由美の自宅では、過去に地域の防災訓練に参加した際にたまたまもらっていた「ガラス飛散防止フィルム」を貼っていたため、窓ガラスが砕け散ることは防ぐことができた。

亜由美は美佐代を助け出すため、共用廊下から遠くを眺める女性二人に助けを求めた。最初はそれどころではないと断られかけたが、なんとか手伝ってもらえることになった。

亜由美はマンション内ではあまり近所付き合いがなく、実は助けを求めた相手は朝ゴミ出しの際にエレベーターで会う程度で名前も知らない。日常的に交流していなかったことを、少々悔いた。

三人がかりで美佐代の上に倒れた家具を移動させ、何とか美佐代を助け出したあと、亜由美はこのままマンション内にとどまるのは危険と判断した。そして、以前、マンションで行った防災訓練を思い出し、災害が発生した際に集まることになっている一階の共用スペースに向かうことにした。訓練には「一度ぐらいは」と参加していただけであったが、いざという時にどこに集まればよいかくらいは覚えていた。「たかが訓練といいながらも馬鹿にできないな」と亜由美は考えていた。

亜由美のマンションは各階一〇戸の一五階建てが南向きに四棟あり、約一五〇〇人が居住するマンションだ。各階の東側にはエレベーター、西側には非常用階段が設置されている。亜由美たちは一昨年、美佐代との同居のため、たまたま売りに出されていたマンションの一〇階の一室を買った。

一階に下りるため、亜由美はエレベーターホールに向かったが、地震の影響で、当然エレベーターは完全に停止してしまっている。美佐代は足が少し不自由なため、自力で階段を下りるには非常に時間がかかる。まして余震が続いており、階段の壁や階段の一部も崩れているところが多数あることから、いつも以上に時間がかかることは間違いなかった。

先ほど美佐代の救出を手伝ってくれた住人は先に階段を下りてしまっており、周囲に助けを求められる人もいない。亜由美はやむを得ず美佐代を支えながら、ゆっくりゆっくり一階まで下りることにした。亜由美ひとりで美佐代を連れて下りるのは並大抵のことではなかった。

！共用スペースにて（午後四時二〇分）

普段なら五分とかからない階段を二〇分ほどかけ、汗だくになりながら一階まで到着したとき、また地面が激しく揺れた。次の瞬間、激しい音とともに空から何かが降り、四方八方に散らばった。どこかの部屋の窓ガラスが割れて落下してきたのである。

周囲に気を付けながら共用スペースまでたどり着くと、管理人が住民を誘導していた。この管理人、西村宏《にしむらひろし》（六〇歳）は三人いる管理人の一人で、三人のなかではリーダー的存在である。現役時代は建設会社に勤務し、現場管理部長のポストまで登りつめたが、三年前に出世競争に敗れ、三五年間勤め上げた会社を後にした。防災意識は高いほうではなかったが、会社を辞めてからは資格取得に目覚め、住民から「資格マニア」と呼ばれている。最近では防災関係の資格も取得したことから、ある程度防災に関する知識は持っていた。

共用スペースでは、すでに集まっていた住人が身を寄せ合っていた。先ほどまでは危険から逃れようと必死だったため気付いていなかったが、普段は暖かいはずの共用スペースが寒い。停電により電気が止まってしまい、暖房器具が使えないのである。西村によると、電気のほかにガスや水道も止まってしまっているそうだ。

マンションの非常用電源設備もちょうど設置工事が始まった段階であったため、まだ使うことができなかった。

解説 非常用電源設備とは、停電になった際、発電システムや蓄電システムから電力を供給する設備のことだ。東日本大震災において、停電によってエレベーターの停止や断水が発生した事例もあり、その後、非常用電源設備の設置を進めているマンションも多い。

マンションの非常用電源設備

マンションの非常用電源設備として、自家用発電機だけでなく太陽光発電パネルも非常用電源設備として活用できる。

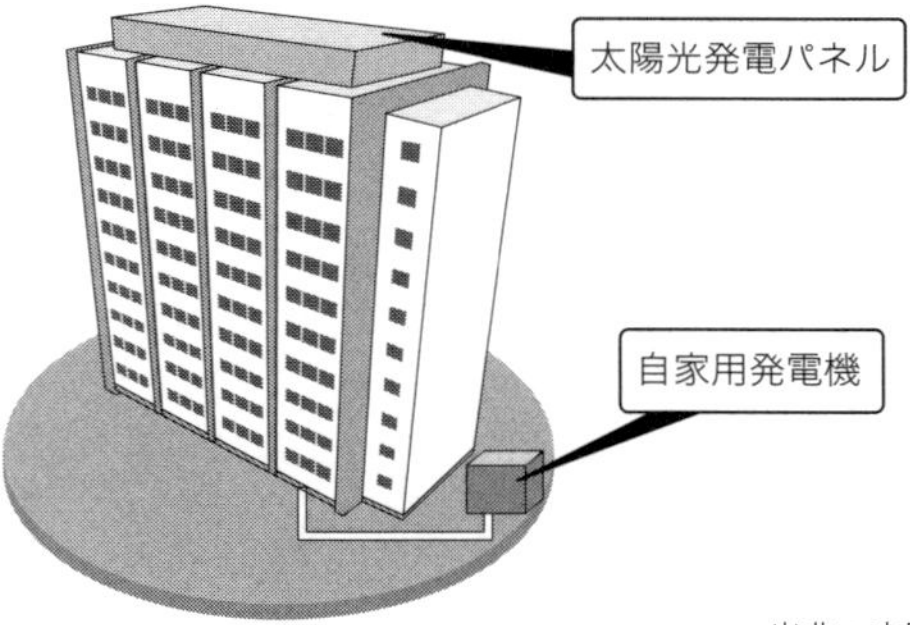

出典：内閣府

亜由美はライフラインがすべて断たれてしまっていることに不安を感じつつ、ひとまず共用スペースにあった救急箱を借り、美佐代の額の傷と自分の腕のやけどを治療した。

しばらくして、共用スペースで携帯電話をのぞき込んでいる人だかりからワンセグ放送のニュースの声が聞こえてきた。

「……都心東部を震源とする、マグニチュード七・三の直下型地震が首都圏を襲い、最大震度六強、都心部では大きな被害が出ており……」

電波があまりよくないらしく、音声が飛び飛びではあったが、何とか情報を得ることはできた。大変なことになっている……亜由美は背中に冷や汗が流れるのを感じた。
美佐代を運び終えたところで、国照やさくらの安否を確認するため、すぐに幼稚園の電話と国照の携帯電話に電話をかけた。しかし、回線が混雑しているようで、まったくつながらない。メールは繰り返し送信ボタンを押せば作動するようだが、届いているのかどうかわからない。何とかこちらの無事だけでも伝えたいと思い試行錯誤《さくご》していると、それに気付いた住人が、「災害用伝言サービス」を教えてくれた。

教訓 地震などの大きな災害が発生すると、被災地への電話が大量に殺到して回線が混雑し、つながりにくくなる。東日本大震災の直後も、携帯電話事業者によっては、最大で平常時の約五〇～六〇倍以上の通話が一時的に集中した。
通信各社では、こうした通信の混雑の影響を避けながら、家族や知人との間での安否の確認や避難場所の連絡などをスムーズに行うため、固定電話・携帯電話・インターネットによって、災害用伝言ダイヤル（１７１）、災害用伝言板、災害用伝言板（ｗｅｂ１７１）、災害用音声お届けサービスといった「災害用伝言サービス」を提供している。

●災害用伝言ダイヤル（171）の利用方法

被災地の方が、自宅の電話番号宛に安否情報（伝言）を音声で録音（登録）し、全国からその音声を再生（確認）することができる。

〈操作手順〉
①171をダイヤルする。
②ガイダンスに従って、録音の場合は1を、再生の場合は2をダイヤルする（暗証番号を付けて録音・再生を行うことも可能）。
③ガイダンスに従って、自宅（被災地）の電話番号、または、連絡を取りたい被災地の方の電話番号を市外局番からダイヤルする。
④伝言を録音・再生することができる。

〈利用できる電話〉
災害用伝言ダイヤルは、加入電話（プッシュ回線、ダイヤル回線）、公衆電話、Ｉ

災害用伝言ダイヤル

亜由美は災害用伝言ダイヤルを活用したが、その仕組みは以下のとおり。平常時からどのような方法で連絡を取り合うか、家族間で決めておくことが重要である。

利用イメージ

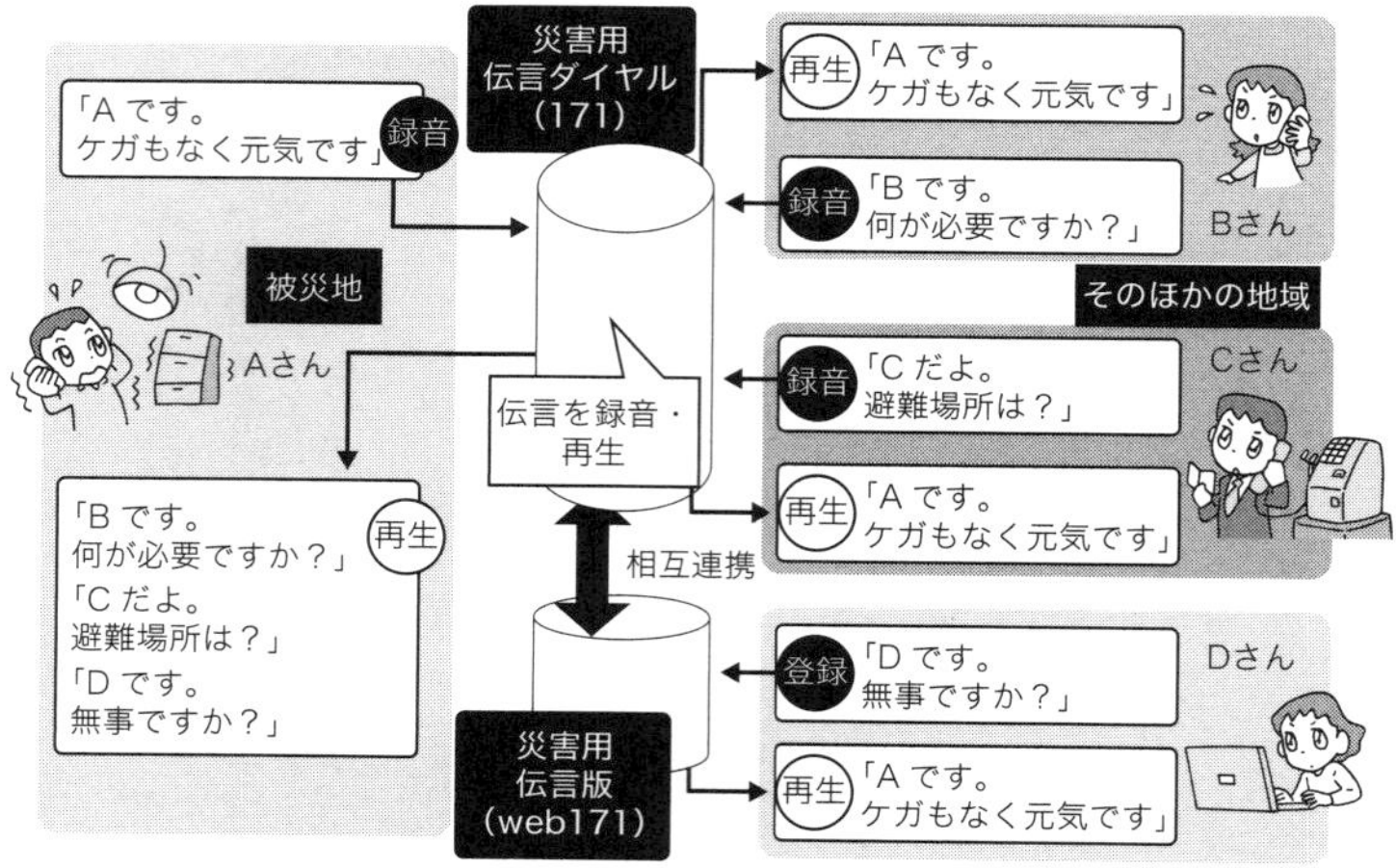
災害用
伝言ダイヤル
(171)
「A です。
ケガもなく元気です」
録音
被災地
Aさん
再生
「B です。
何が必要ですか？」
「C だよ。
避難場所は？」
「D です。
無事ですか？」
伝言を録音・
再生
相互連携
災害用
伝言版
(web171)
再生
「A です。
ケガもなく元気です」
録音
「B です。
何が必要ですか？」
Bさん
そのほかの地域
録音
「C だよ。
避難場所は？」
Cさん
再生
「A です。
ケガもなく元気です」
登録
「D です。
無事ですか？」
Dさん
再生
「A です。
ケガもなく元気です」

出典：ＮＴＴ東日本ホームページ

＊＊です。
無事です。
××避難所に
います。

ＳＤＮ、携帯電話・ＰＨＳ、ＩＰ電話から利用可能。ただし、伝言の録音・再生は、被災地の方の電話番号宛に行う必要があり、この電話番号は03等の市外局番で始まる電話番号、携帯電話・ＰＨＳの電話番号、ＩＰ電話の電話番号が対象となる。

●災害用伝言板の利用方法

携帯電話・ＰＨＳのインターネット接続機能で、被災地の方が伝言を文字によって登録し、携帯電話・ＰＨＳ番号をもとにして全国から伝言を確認できる。

●災害用伝言板（ｗｅｂ１７１）の利用方法

パソコンやスマートフォンなどから固定電話番号や携帯電話・ＰＨＳ番号を入力して安否情報（伝言）の登録、確認を行うことができる。

●災害用音声お届けサービスの利用方法

専用アプリケーションをインストールしたスマートフォンなどの対応端末から、音声メッセージを送信することができるサービスで、現在、ＮＴＴドコモ、ＫＤＤＩ （au）、ソフトバンク、ワイモバイルの各社でサービスを提供している。なお、二〇一三年（平成二五年）四月一日より災害用音声お届けサービスを提供している通信事業者間で音声メッセージの送付が可能になった。

●三角連絡法

離れた場所に住む家族や親戚、知人の家を連絡先に決め、そこを中継点にして家族の安否確認や連絡を取る方法。これは、携帯電話やメールを使わない方にも活用いただける方法である。

家族でどの手段を活用して連絡を取るか、予《あらかじ》め相談しておくことが重要である。

なお、災害用伝言ダイヤルでは災害発生に備えて体験利用ができる機会が提供されている。具体的には次の日程となっているので防災訓練などとあわせて、ぜひご活用いただきたい。

・毎月一日と一五日
・正月三が日（一月一日～一月三日）

・防災週間（八月三〇日～九月五日）
・防災とボランティア週間（一月一五日～一月二一日）

これで国照も気付いてくれるかもしれない……「災害用伝言サービス」に、自分と美佐代が無事であること、さくらの安否がまだ確認できていないことをメッセージとして残した。

避難行動要支援者名簿を用いた安否確認（午後六時〇〇分）

しばらくして別の管理人、松田剛蔵《まつだごうぞう》（六五歳）が息を切らし、亜由美に駆け寄りながら相談を持ち掛けてきた。家具に挟まれて抜け出せない人や、自力で避難することができない高齢者などがマンション内にいるかもしれないため、分担して見回ってほしいという。

腕の火傷《やけど》は大したことはなかったが、国照やさくらの安否が確認できていないこの状況下では、亜由美に他の人のことまで考える余裕はなかった。断ろうと思ったが、平日の夕方ということもあり、共用スペースにいる住人はほとんどが高齢者か子どもで、他に任せられそうな人もいない。一部若い人もいるが、避難者のなかでは自分も若いほうだった。

亜由美は松田からの依頼の返答に迷いながら、再度災害用伝言サービスに問い合わせた。すると、「電話番号03-……の伝言をお伝えします」一件の伝言が残っている。国照からであった。亜由美は慌てて伝言メモを聞いた。

国照の会社はマンションから車で二〇分ほど走ったところにあるが、そちらも地震の被害が甚大だったそうだ。国照本人は無事で、会社も大変な状況になってはいるものの、とりあえず大丈夫な様子。上司が国照の家庭の状況を慮《おもんぱか》り、帰宅することが許可されたのである。

そこで国照は、さくらの幼稚園が国照の会社とマンションのちょうど中間辺りに位置していることから、車で幼稚園を経由しながらマンションに向かうとのことだった。国照は気が弱く、普段は亜由美からきつくいわれるとすぐに大人しくなってしまうような性格だったが、今日だけは頼もしかった。

マンションには全部で六〇〇戸の家族が住んでおり、複数人で分担してもかなりの時間がかかることが想定された。これをしらみつぶしに確認するのかと、亜由美は気が遠くなっていたが、そんな亜由美に対し管理人の松田は名簿を示した。マンション内における「避難行動要支援者名簿」である。

解説　「避難行動要支援者名簿」とは、避難の支援、安否の確認などに利用するために作成された、要介護高齢者や障害者などの避難行動要支援者の名簿である。避難行動要支援者や避難支援関係者の犠牲を抑えるためには、事前の準備を進め、迅速に避難支援を行うことが必要となるため、災害対策基本法において、避難行動要支援者名簿の作成が市町村に義務付けられている。また、マンションなどのコミュニティ単位で名簿を作成しているといった取り組みもある。

亜由美の一家も美佐代が対象となるためこの名簿に載っているが、管理人によると、「避難行動要支援者名簿」を作成したときは、一部の住人からプライバシーの問題から協力できないと反発を受けたらしい。しかし粘り強く説得し、現在は避難行動要支援者全員がリストに掲載されているとのことだった。

松田は地震発生直後からこの名簿をもとに住人の救出に向かっていたが、該当数が多く、まだすべてを確認することができていないため、残りの住戸を分担してほしいとのことであった。

確認すべき住戸は残り三〇戸程度……亜由美は管理人と分担しながら確認を行うことにした。

❗ SNSの効用（午後七時〇〇分）

亜由美は懐中電灯を片手に階段を上がり、名簿に該当する部屋のうち、階段に近いほうから順番に声を掛けて回った。停電の影響によってインターホンが使えないため、個別にドアを叩きながら声を掛けるしかない。館内放送も想定されたが、こちらも停電の影響で使えなかった。

途中、何度か部屋から出られなくなっていたお年寄りを助け出しているうちに、六階に差し掛かった。すると、息子がさくらと同じ幼稚園に通うママ友の久美子と出会った。

久美子からは、幼稚園近くで倒壊している建物や火災の被害を受けている家屋が多いと聞かされた。電話もメールもつながらない状態ではあったが、久美子は共通の趣味であるネイルアートのSNSグループの友人を通して情報を得ていた。いつもは単なる仲良しグループの連絡手段ではあるが、電話もメールもつながらない状況のなか、SNSが安否の確認や現場の状況把握にたまたま有効に機能していた。

解説　東日本大震災では、発災直後、電話やメールが不通のなか、ＳＮＳが安否の確認に役立つなど、災害時における有効性が注目されている。

　また「地域ＳＮＳ」という取り組みが実証実験として導入されている事例もある。平常時は既存のＳＮＳのようにコミュニケーションツールとして利用するが、災害時には地域ＳＮＳ利用者全員の画面が、災害情報の受発信機能を拡大した「災害時画面」に切り替わり、注意報や警報発令など、住民への注意喚起や情報提供を行うという仕組みである。また、住民同士が危険情報などをお互いに投稿し合う試みも行われている。

　亜由美は久美子にＳＮＳで投稿された写真を見せてもらった。これが幼稚園の周辺なのかと思うほどの光景が広がっている。幸いなことに、写真を見た範囲では、幼稚園自体にはそれほど被害は出ていないようだ。さくらの安否が気になったが国照を信じることにし、気を取り直して残りの部屋を確認して回ることにした。

　久美子にも手伝ってもらえるようお願いしようかと思ったが、彼女は予想以上に気が動転していた。三年前に離婚し、女手一つで息子を育ててきた久美子にとって、息子の安否がわからない現在の状況では平静を保てというほうが難しく、ましてや他の家庭のことなど考える余裕があるわけもない。

亜由美は久美子の息子も国照に確認するように伝えることを約束し、久美子のもとをあとにした。

その後も亜由美は順番に確認を続けた。確認した家庭には軽傷者はいたものの、重傷者や手遅れになった住人はいなかった。あとから聞いた話によると、他の部屋では、すでに圧死していた住人もいたそうである。

！エレベーターからの救出（午後八時〇〇分）

亜由美は学生時代にソフトボールで腕を鳴らし、インターハイにも出場した経験があったことから、体力には自信があった。が、さすがに階段を上り下りしていると徐々に疲れ、喉が渇き、お腹も空《す》いてきた。一時間ほどかけて名簿に該当するすべての部屋を確認し終えると、共用スペースに戻った。

するとそこに管理人の西村が慌てて走ってきた。棟のエレベーターのなかに住人が一名閉じ込められてしまっているという。

解説　「首都直下地震の被害想定と対策について（最終報告）二〇一三年一二月」（中央防災会議　首都直下地震対策検討ワーキンググループ）によると、住宅、オフィスの被災および停電により、エレベーターに閉じ込められる被災者は、最大で約一万七〇〇〇人に達すると見込まれている。

当初、閉じ込めを確認した西村は、救出を依頼するべくエレベーター管理会社や消防署などに連絡をした。しかし、まず電話がつながらない。七回目の電話でようやくつながったものの、同様の救出要請が都内各地から殺到しており、いつ救出に向かえるかわからないとの返答を受けた。そのため西村は管理会社から救出方法を聞き、それに従って助け出すことにしたのである。

亜由美はエレベーターからの被災者救出など、素人《しろうと》にできるものなのかと思ったが、西村に協力することにした。実は資格マニアの西村は昇降機に関する資格も有しており、エレベーターの構造についても、ある程度知識を持っていた。

エレベーターの閉じ込め対策

エレベーター内に閉じ込められた際には以下のとおり対応する。また、エレベーターによっては災害時に備えて食料や簡易トイレなどが備え付けられている。

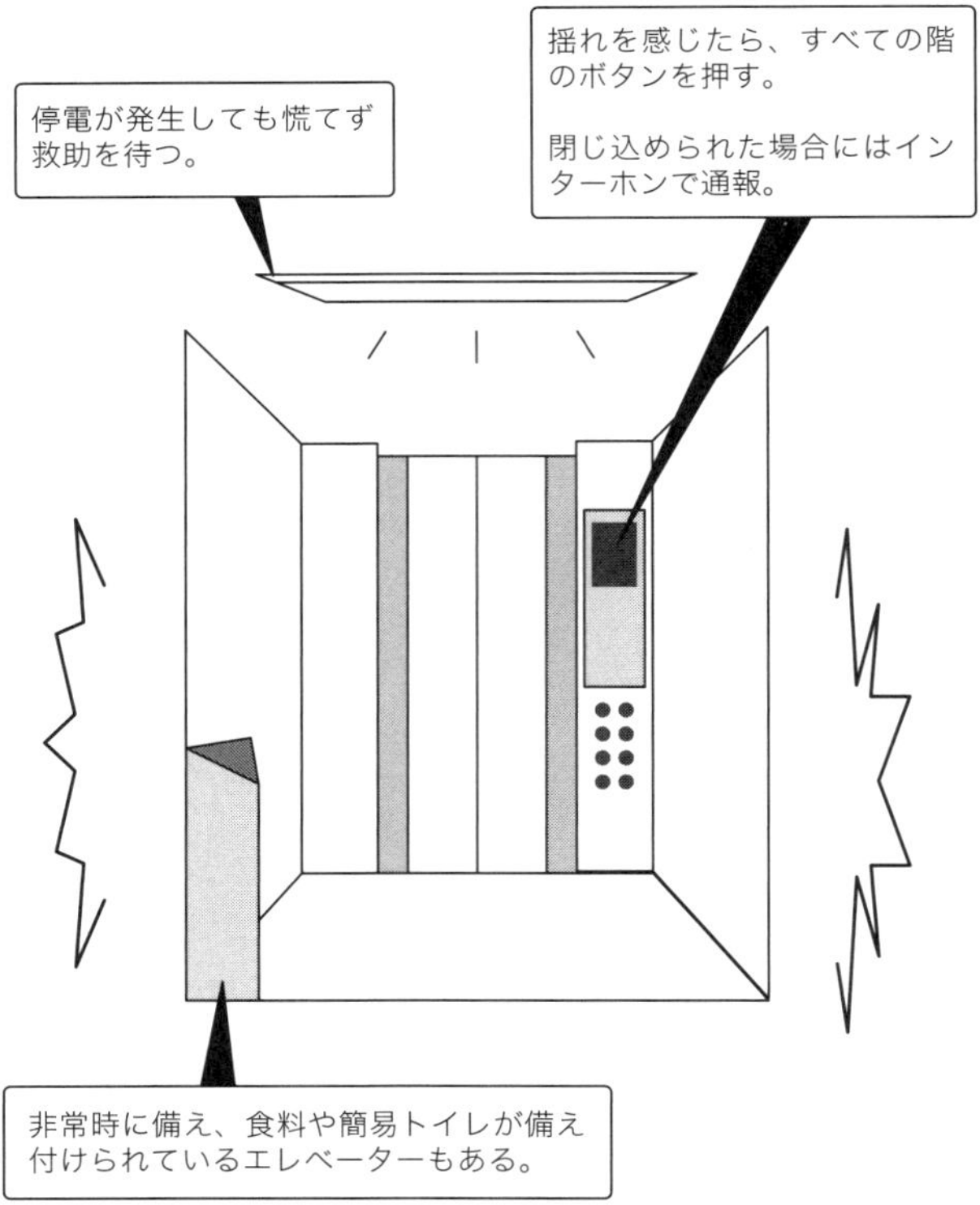
停電が発生しても慌てず救助を待つ。
揺れを感じたら、すべての階のボタンを押す。
閉じ込められた場合にはインターホンで通報。
非常時に備え、食料や簡易トイレが備え付けられているエレベーターもある。

出典：内閣府

西村は、念のためにエレベーター本体の主電源を切り、普段は植木の手入れのために使うハシゴや、エレベーターを開閉するための専用の鍵を持って、亜由美とともに現場に向かった。

エレベーターは、故障して二階と三階の間で停止していた。三階の乗り場の窓からは、女性が一人、エレベーターの扉に顔を密着させ、扉を叩いているのが見える。三階側から救出することにして、エレベーターを手動で開けるレバーを上げ、鍵を差し込み、一気にドアを開けた。

エレベーターの箱は、三階の乗り場の足元から八〇センチほど頭を出していた。そのため、そこから折りたたんだハシゴをゆっくりとなかに滑り込ませる。女性はハシゴを使い、三階の乗り場に手をかけながらよじ登り、最後は亜由美と西村がわずかな隙間から一気に引っ張り上げた。

女性は何度も亜由美らに感謝を伝えた。余震でマンションは揺れ続け、かつ停電で暗闇の状態だったため、女性はさぞかし不安だったことだろう。亜由美は女性が無事に救出されてよかったと安堵《あんど》するとともに、脱力している自分に気付いていた。

！帰宅困難者と避難者（午後九時〇〇分）

エレベーターでの救出が終わり一階に下りると、共用スペース前のロビーの状況が一時間前とはまるっきり変わっていた。とにかくヒト、ヒト、ヒト……学校の教室程度の広さしかない共用スペースには、すでに一〇〇人あまりが集まっており、入りきれない人がロビーの床などに座り込んでいる。

マンションの住人がこんなに集まってきたのだろうかと思い、管理人の松田に尋ねたところ、都心部から流れてきた帰宅困難者と、火事から逃れてきた避難者が大多数だという。

解説　「首都直下地震の被害想定と対策について（最終報告）二〇一三年一二月」（中央防災会議　首都直下地震対策検討ワーキンググループ）によると、平日の一二時に地震が発生し、公共交通機関が全域的に停止した場合、一時的にでも外出先に滞留することになる人（自宅のあるゾーン外への外出者）は、東京都市圏で約一七〇〇万人、うち東京都で約九四〇万人に上ると想定されている。

地震後しばらくして混乱が収まり、帰宅が可能となる状況になった場合において、遠距離などの理由によって当日中に帰宅が困難となる人（帰宅困難者）は、東京都市圏で約六四〇〇万～八〇〇〇万人、うち東京都で約三八〇〇万～四九〇〇万人に上ると想定されている。

……これだけたくさんの人が集まってしまい、また明かりも携帯や懐中電灯に頼るしかない。管理人も収拾することができず、大混乱の状態が続いた。亜由美は共用スペースの光景を目《ま》の当《あ》たりにし、車の国照も同じような状況に巻き込まれているのではないかと不安に思った。

このとき亜由美は、美佐代のことを思い出した。人ごみのなかを探していると、共用スペースの隅で、別の家族の人たちと小さくなって話をしている美佐代を見つけた。その横に座り、話を聞いたところ、その家族はマンション近くにある少し古い一軒家に住む老夫婦で、自宅が全壊したそうだ。火災の心配もあったので、「非常用持ち出し袋」だけ抱えて避難してきたとのことである。

家は全壊してしまったが、非常用持ち出し袋に必要なものは入れていた。命もなんとか助かった。

また、聞くところによると、老夫婦は「地震保険」にも加入しているらしい。

教訓 「地震保険」とは、地震・噴火またはこれらによる津波を原因とする火災・損壊・埋没または流失による損害を補償する地震災害専用の保険のこと。火災保険に付帯する方式での契約となり、火災保険加入が前提となっている。そして、火災保険のみでは、地震を原因とする火災による損害や、地震による延焼、あるいは拡大した損害は補償されない。いま一度、ご自宅の保険をご確認いただきたい。

亜由美の家庭の財布は亜由美が握り、国照に対しては月二万円の小遣い制を敷いていたが、保険関係については内容がややこしいこともあり、国照に任せていた。そのため亜由美は地震保険についての知識がなく、また、この状況では将来のことを考える余裕もなかったため、「我が家も確か火災保険だけは入っていたなぁ」とだけ、ぼんやりと考えていた。

！備蓄（午後一〇時〇〇分）

地震発生から六時間以上が経過していた。共用スペースのなかも懐中電灯やランタン型ライト、携帯電話などの光だけがちらちらと光っており、マンション全体は相変わらず停電が続いている。

しばらくして、共用スペースの一角から管理人の松田と住人の男性が口論をしている声が聞こえてきた。マンションには災害に備えて備蓄倉庫が設けられており、水や食料などが備え付けられている。松田がその備蓄を帰宅困難者や避難者に配り始めたところ、男性が「この備蓄はマンション住人のものではないのか」といい始めたそうだ。

ただ、実はこのマンションで備えている備蓄品は、住人のためのものではなかった。

教訓　地区内残留地区に指定されているこのマンションでは、行政からの要請を受け、帰宅困難者や避難者のための備蓄品を備えることとなっており、マンション住人は「自助」で備蓄をすることになっているのだ。

しかし当然、マンション居住者のために備蓄をしているマンションもある。自分の住んでいるマンションではどのような想定で備蓄がされているかを確認し、個人で備蓄しておかなければならないものを把握しておくことが重要である。

このような事実を知らず、男性は声を荒らげてしまったようである。幸いなことに、このマンションの住人たちは備蓄を行っている家庭が多く、少しずつ食料や水を分けてもらうことができるようだ。

亜由美もてっきり、マンションの備蓄が配布されるものと思っていた。しかしそうではないとわかったため、少し休んでから、買い置きのジュースやお菓子だけでも自宅に取りに向かうことにした。

ニュースの声が聞こえてくる。

「……被害は拡大しており、現時点で把握している死者……、倒壊家屋数……、政府は緊急災害対策本部を設置し……」

国照とさくらはどうしているだろうか。再度、災害用伝言サービスにかけてみたが、新しいメッセージは入っていなかった。相変わらず電話はつながらないし、後から追加で送ってみたメールやSNSにも返事が来ない。亜由美の携帯電話の電池も残りわずかとなっていた。

食べ物すら不足しかけているこの状況で行政は何をしているのだと、亜由美は憤《いきどお》りかけていたが、テレビのワイドショーで首都直下地震が発生した場合、国や全国の都道府県から支援が向かうといっていたことをふと思い出した。

きっともう少しすれば行政の支援が来るだろう。それまでは自分の備え（自助）と、マンションの住人同士で助け合って（共助）凌《しの》ぐしかない。

教訓　「防災基本計画」（中央防災会議）では、備蓄について「『最低三日間、推奨一週間』分の食料、飲料水、簡易トイレ、トイレットペーパーなどの備蓄、非常用持ち出し品（救急箱、懐中電灯、ラジオ、乾電池など）の準備」としている。

「首都直下地震における具体的な応急対策活動に関する計画　二〇一六年三月二九日」（中央防災会議幹事会）は、首都直下地震によって被災が想定されている一都三県以外からの物資に関する支援について、「発災から三日間は家庭などの備蓄と被災地方公共団体における備蓄で対応することを想定し、国が行うプッシュ型支援は遅くとも発災後三日目までに、必要となる物資が一都三県に届くよう調整する」とする。

そのため災害が発生したあと、すぐには支援が届かないことから、ご自宅で備蓄はしっかりと行っていただきたい。

亜由美は役に立ちそうなものを回収してくるため、管理人から借りた懐中電灯を手に再度、自宅へと向かった。

❗燃料（午後一〇時〇〇分）

共用スペースから住居棟へ向かう途中の駐車場辺りで、アスファルトに亀裂が走っていたり、陥没《かんぼつ》していたりするところがいくつか見られた。恐らく地震の影響を受けてのものだろう。幸いなことに液状化現象は発生していないようだった。

駐車場付近を通り過ぎるとき、話している人たちの声が聞こえた。マンションに近いスーパーやコンビニに飲料水や食料を買いに行ったが、すでに売り切れ状態となっており、かつ、そこも帰宅困難者や避難者であふれていたそうだ。そこでマンションから少し離れた店舗に車で向かうかどうか、相談しているらしい。

しかし、これから燃料不足が起こるのではないか、ガソリンは大事に使ったほうがいいのではないかと、なかなか話がまとまらない様子である。

また、亜由美が住むマンションの駐車場は三階建ての機械式立体駐車場になっており、停電のため駐車場の機械を動かすことができない状態だ。が、その駐車場は手動で動かすことも可能であったため、無事に車を下ろすことができた様子だった。幸いなことに、地震の揺れに伴って立体駐車場から車が落下するという被害もなかった。

亜由美は一瞬、さくらの幼稚園まで同乗させてもらえないか頼もうかと思った。しかし、国照がすでに幼稚園に向かっているうえに、マンションには怪我をした美佐代もおり、連絡が取れない状況下……家族がばらばらになるとかえって危険だろうと考え、思いとどまった。

再び暗闇のなか、自宅に向かうため亜由美が一階の共用廊下に差し掛かったところ、悪臭とともに床が水浸しになっていることに気が付いた。下水管がどこかで破損し、マンション内にとどまっている人が流した汚水が詰まってしまい、逆流しているのである。

教訓　東日本大震災の際にも下水管の破損が報告されており、マンション全体で災害時のトイレをはじめとした汚水対策について、マニュアルなどを作成しておくことが重要である。

亜由美のマンションでは、このような災害時には風呂やトイレの汚水を流すことを禁止する取り決めを行っていたはずだ。しかし、どうやらマンションに残っている住民が取り決めを守らず、汚水を流してしまい、それが逆流したようである。現在の亜由美では応急措置も施すことができないため、ひとまず管理人に伝えることにして、一〇階の自宅を目指した。

！ハザードマップ（午後一一時〇〇分）

無事に階段を上り切り、一〇階に到着したところで、亜由美は懐中電灯で照らしながら改めて共用廊下を見回した。すると、壁のなかから鉄筋がむき出しになっている箇所があった。亜由美の自宅もエアコンを設置するための通気口を中心に壁に亀裂が入っており、特にドアや窓枠からの亀裂がひどかった。

亜由美は自宅にある水や食料、毛布、貴重品、薬、それに区役所から配布されたものの、ほとんど目を通さずにくしゃくしゃになっていた「ハザードマップ」など、使えそうなものをひととおり非常用持ち出し袋に詰めた。

解説「ハザードマップ」は、自然災害による被害の軽減や防災対策に使用する目的で地方公共団体が作成するもので、被災想定区域、避難場所や避難経路といった防災関係施設の位置などを表示した地図である。

また、ものが散乱した台所に向かい、横倒しになった冷蔵庫の側面に貼り付けられた「地域防災マップ」も一緒に押し込んだ。「地域防災マップ」は亜由美が居住する地区の自主防災組織の人たちが作成したもので、「ハザードマップ」には載っていない、地域に詳しい人だけが知るような危険箇所などが記された地図である。

亜由美はこの「地域防災マップ」がたまたまカレンダーになっていたので、冷蔵庫に貼って使っていた。本来はこの「ハザードマップ」や「地域防災マップ」は、マンションや自分の街にどのような危険や災害が想定されているのか、基本的な部分を平時から頭に入れておくためのものである。亜由美はいまさら意味もないかと思いつつも、念のため持って行くことにした。

荷物を準備している間に、亜由美のポケットから「ピー……」という電子音が鳴り、無情にも携帯電話の電池が切れたことが知らされた。携帯電話が使えなくなり、亜由美は急に心細い気持ちになりながら、散らばった荷物のなかから携帯電話の充電器を探し出し、非常用持ち出し袋に詰めた。

ひととおり必要と思われる荷物を詰め終わり、部屋を見回した。最後に家族で撮った写真をつかんで、暗闇のなか懐中電灯を片手に階段を下り、共用スペースのもといた場所へと向かった。

！再会（翌日午前三時〇〇分）

地震発生から一二時間。共用スペースの隅で自宅から持ってきた水などを美佐代や他の住人と分け合いながら、亜由美はこれだけの被害が出ているのだから、当分の間、避難所生活は免れないだろうと、不安な気持ちに苛《さいな》まれていた。

国照との連絡は相変わらず取れていなかったが、幸いなことに、住人のなかにキャンプ好きな人がおり、カセットボンベを燃料にした発電機を持っていたため、非常用電源代わりとして携帯電話の充電をさせてもらうことができた。

解説 発電装置だけではなく、寝袋やランタン型ライトなど、キャンプで使用するものは、災害が発生した際も有効に使用できるものが多い。

結局は、日頃から自分自身で備えたり、周りの住人との協力関係を作っておくしかないのだなあと、亜由美は後悔と反省を繰り返しながら、毛布にくるまり、共用スペースの入り口を眺めていた。

すると、入り口の前に一台の車が停まった。車から降りてくるぼんやりとした二人の姿を見るや否《いな》や、すぐに立ち上がり、名前を呼びながら共用スペースの入り口に向かって駆け出していた。

❗ 復旧と保険（一ヵ月後）

地震発生から一ヵ月、春を直前にして桜も少しずつ咲き始めていた。自分と同じ名前の花だといいながら、さくらが飛び跳ねている。都心部も少しずつ復旧が進み、亜由美の一家も避難所での生活から元のマンションへ戻る日がやってきた。避難所での生活は想像以上に過酷で、亜由美はやっと戻れることに喜びを感じていた。

全壊建物数約一五万棟、地震火災による消失家屋約二五万棟、死者約九〇〇〇人……未《み》

曽《ぞう》有の被害をもたらした首都直下地震は、これまでの防災対策が功を奏し、想定に比べると被害は小さかったものの、それでも甚大《じんだい》……亜由美の住むマンションでも五名が亡くなった。

亜由美の一家は家族四人全員が無事であったものの、家具や生活に必要なものの被害がひどく、元の生活に戻るには多額の費用が必要となった。

国照と亜由美は保険会社に交渉した。が、火災保険にしか入っていなかったために、今回の地震被害は補償の対象にはならないのだという。国照は必死に交渉したが、認められることはなかった。

その一方、美佐代が共用スペースで話していた老夫婦は自宅が全壊してしまったものの、地震保険に加入していたため、無事に補償を受けられる見込みだという。ただ、全額は補償されないため、これを機に少し狭いマンションに引っ越すことにするそうだ。

災害は忘れたころにやってくる——亜由美も今回の首都直下地震を通して改めて自らの備え（自助）、周辺の住人の方々との助け合い（共助）の重要性を痛感していた。今回はたまたま運よく一家全員が助かっただけで、地震だけではなく、洪水や台風など、これからも想像を超えるような災害が自分たちを襲ってくるかもしれない……。

亜由美は首都直下地震の経験から、まずは自分でできる備えから始めようと、さくらの手を引きながら備蓄用飲料水を買いに行った。

解説　マンション住民の先進的な取り組みについて

二〇一六（平成二八）年二月二一日、「『防災４・０』未来構想プロジェクト」の一環として、住民と災害の備えに関する取り組みなどについて意見交換を行う「災害わたしのそなえ座談会『防災４・０』未来構想ダイアログ」を荒川区にて開催し、住民や荒川区立中学校の防災部が日頃から取り組んでいる防災活動などについての説明を受け、意見交換を行った。

この地区は内閣府が実施する「地区防災計画モデル事業」の対象地区にも選定されており、地区防災計画作成のための検討を進めるとともに、防災関連以外のイベントなどを通し、住民同士のつながりを強化している。また、安否確認のためのシステムを導入し、平日の昼間などマンション外にいる場合でも、発災後に迅速な安否確認及び情報の伝達を行えるようになっている。

そのほか、有事で帰宅困難者が発生した際の受け入れについて検討したり、マンシヨンの理事長が集う場で意見を交換している。このように、地域としての備えを行うことや、平常時から連携してコミュニティを形成しておくと、発災時に有効に機能する。

コラム 1 地名に隠されたメッセージ

地名には、その地に起きた災害の歴史や特徴を、現在に伝えるメッセージが隠されていることがある。たとえば、過去に大きな洪水が発生して家屋が流されてしまったり、崖崩れなどの土砂災害が発生した土地では、特徴的な文字が使われていることが多く見られる。また、開発によってわからなくなってしまった土地の高低、埋め立てられてしまった海岸線や池、川などを地名から知ることができる場合もある。地名に災害発生自体の意味合いがなかったとしても、その読み方に意味が込められている場合もある。自分の住む土地の名前の意味を知り、過去の災害の歴史を知ることは、災害対策をするうえで非常に重要なヒントになる。

なお、地名は時代を経るごとに、宅地開発などによって現代的な名称に変わっている場合もある。災害は時を越えて、繰り返しその土地に発生する。ぜひ現在の名称だけでなく、旧地名も含めて、地名の由来を図書館や地方公共団体、インターネットなどで調べてほしい。

（出典：政府広報オンライン「地域の防災情報二〇一五年版」）

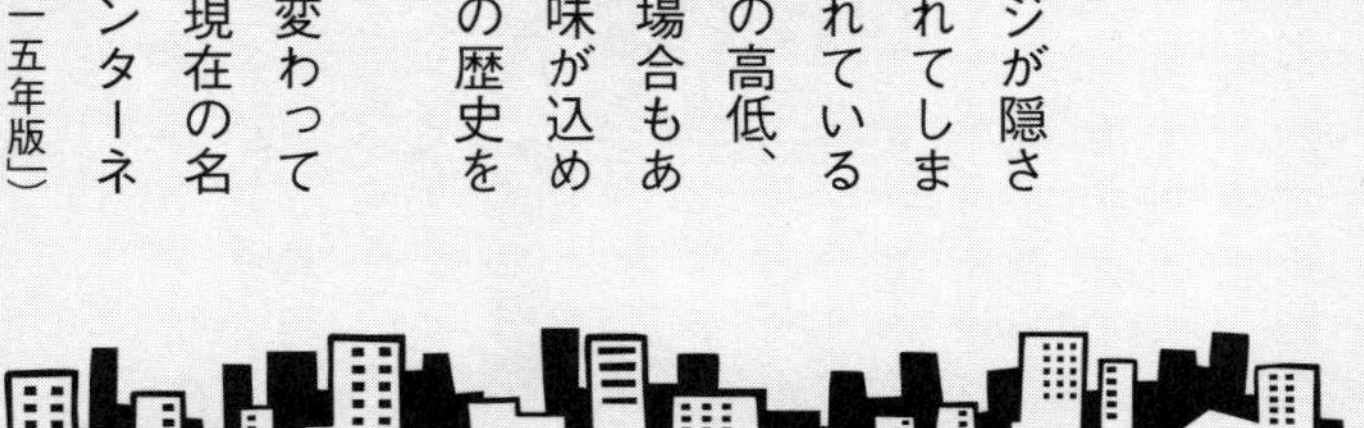

台風

地方でコンビニを経営して家族を養う
山岡昌斗（四三歳）の場合

山岡昌斗《やまおかまさと》（四三歳）は、妻の沙織《さおり》（三九歳）と小学六年生の娘、理穂《りほ》（一一歳）と暮らしている。山岡の父親（七七歳）が独立系の小さなスーパーを営んでいたが、一〇年前に病気で倒れたことを機に、山岡が脱サラして、経営を引き継いだ。

その際、コンビニに業態転換。ちょうどその頃、新設された地域の中核的な病院（市医

療センター）の表玄関の横に店舗を構え、経営者兼店長として多忙な毎日を送っている。父親が医療センターに長期入院中だ。

山岡は埼玉県のA市在住。市の中心部から数キロ離れた地域だ。営んでいる店は、大きな川の支川が何本か流れる低地にある。もともとは豊かな川の流れを活かし水田が広がっていたが、二〇〇〇年頃から住宅地としての開発が進んでいる。

巨大台風接近中（一日目）

気象庁が台風情報を発表。九月一日にマーシャル諸島付近で発生した台風一七号は、その後、ゆっくり西北西に進みながら次第に勢力を強め、九月一三日、「大型で非常に強い」勢力となり、日本の南海上を北上していた。コンビニの統括本部からも、同情報が店の端末に流れ、警戒を呼びかけていた。

山岡の店の周辺では、徐々に住宅地としての開発が進んでいき、いまでは川のすぐそばまで人が住むようになってきている。その住宅の増加に伴い、地域医療を支える拠点として、市の医療センターが建てられた。山岡の店は、その医療センターの表玄関の一角に位置する。

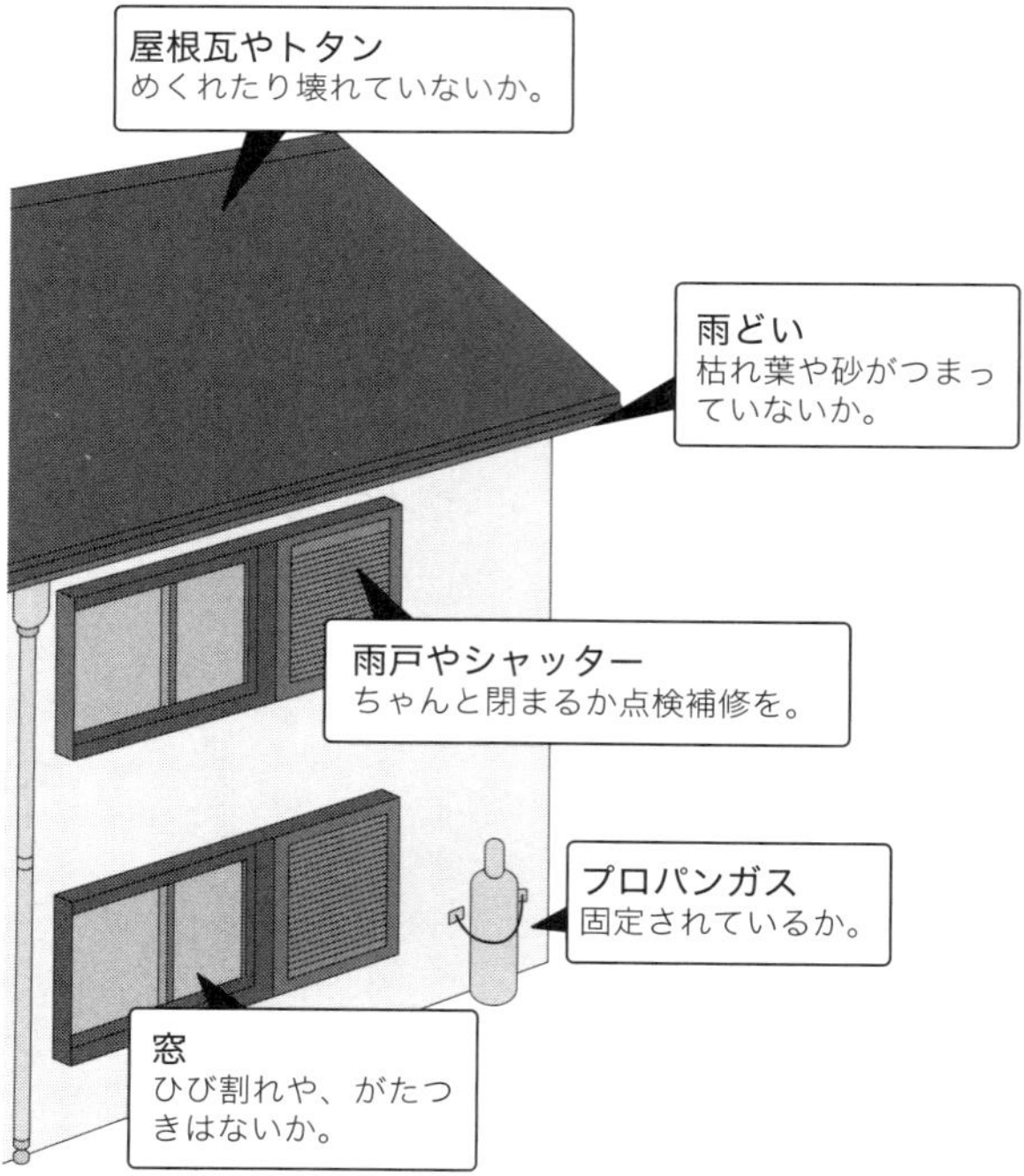
屋根瓦やトタン
めくれたり壊れていないか。
雨どい
枯れ葉や砂がつまっていないか。
雨戸やシャッター
ちゃんと閉まるか点検補修を。
プロパンガス
固定されているか。
窓
ひび割れや、がたつきはないか。

出典：政府広報オンライン

台風に備えてチェックすべき箇所

山岡は台風襲来前にガラスのひび割れや、看板・ごみ箱の固定のチェックを行ったが、それ以外にも一般家庭においては、必要に応じて以下を行うことが望ましい。

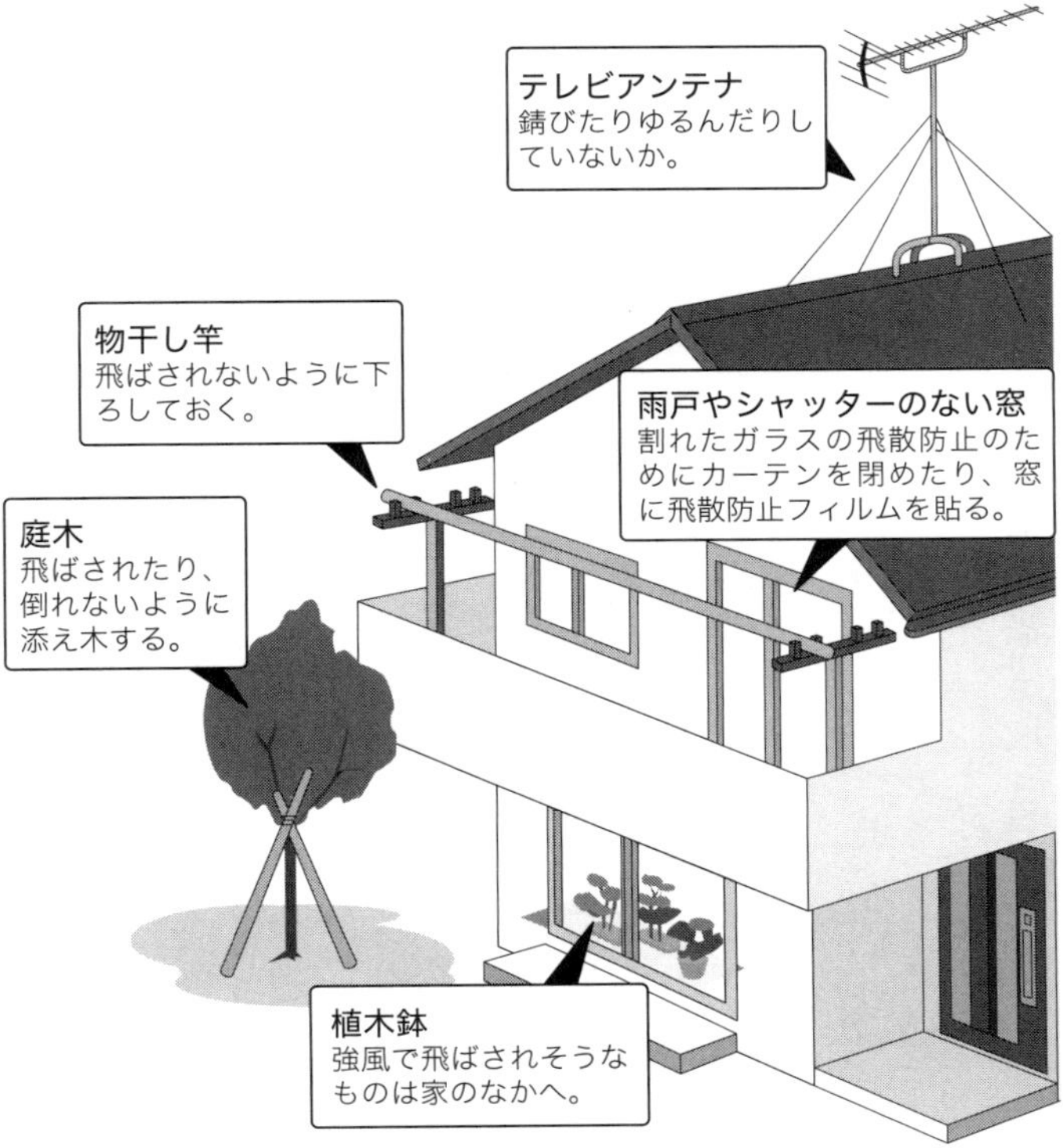
テレビアンテナ
錆びたりゆるんだりしていないか。
物干し竿
飛ばされないように下ろしておく。
雨戸やシャッターのない窓
割れたガラスの飛散防止のためにカーテンを閉めたり、窓に飛散防止フィルムを貼る。
庭木
飛ばされたり、倒れないように添え木する。
植木鉢
強風で飛ばされそうなものは家のなかへ。

山岡は高校卒業と同時に大阪の大学へ進学し、そのまま京都のベンチャー企業に就職した。当時、京都ではバブル崩壊による需要の減少に伴い、古くからの反物屋《たんものや》が廃業に追い込まれていた。それらの在庫を買い取り、ネクタイとして加工して海外に輸出するビジネスで、急成長を目指そうとした会社である。いつか家業を継ぐため、というよりは、日本の大きな組織で働くことを嫌うという消極的な理由であった。

しかし結局、そのベンチャー企業も、急激に進んだ円高の影響により大量の在庫を抱え、破産寸前のところまで追い込まれてしまった。そんなとき、父親が病に伏した。そうして経営を引き継がざるを得ない状況となり、この市に戻ってきたのである。

山岡がコンビニを現在の場所に開業してから一〇年が経つが、川の堤防の整備も徐々に進んでいた。低地でありながら、山岡が記憶する限り、堤防が決壊したり、大きな浸水の被害が出たりしたこともない。そのため今回の台風が仮に直撃しても、いつもどおりの対応で事足りると山岡は考えていた。

「念のため確認しておくか」

山岡は、自信家ではあるが、こうやって予め備えておくことに手を抜く質《たち》ではなかった。店の防災マニュアルも、これまでの経験や他の企業の取り組みなどをもとに、山岡一人で作成したという自信があった。

「ガラスのひび割れ、ゆるみなし」

「看板、ごみ箱などの固定よし」

「のぼりは土台も含め、いったん撤去して」

山岡の店は医療センターの一角にあるので、電気、水道、ガス、排水などのライフラインは、建物全体を管理するセンター任せなのが実態だ。防災訓練も通り一遍で、真剣に参加したことはない。

大雨・暴風警報発令（二日目）

翌朝、台風は勢力をさらに強めながら北上している。依然として速度はゆっくりだ。台風をとりまく雨雲の一部が、山岡の住む市にもかかってきたようだ。大雨・強風注意報が発令されていて、今後、さらに雨足と風が強まる見込みだ。山岡の娘の学校も万が一に備え、休校となった。

早朝、山岡が家を出て店に向かう前に、家族三人で、いざという時の連絡手段や避難する場合の手順について確認した。さらに、妻と娘には、テレビやインターネットで情報を常に入手しておくように念を押した。

出勤後、外回りを確認したが、夜勤の従業員がしっかり準備してくれていたおかげで、特に異状はなかった。山岡は店内に戻ると、端末で情報を確認した。刻一刻と台風が近づいてきている。

店内では、長年勤めてくれている従業員の宮路《みやじ》が率先して、マニュアルを見ながらチェック項目を一つ一つ確認していた。

「備蓄の三日分は問題なし」

飲料水、食料、医薬品など自分と従業員たちが必要とするものは、二階のスペースに十分に確保されている。

「携帯ラジオ、懐中電灯、携帯電話の充電機器もＯＫです」

また、山岡は、店の重要書類を念のため、二階の高いところにある頑丈な金庫のなかにしまった。コンビニの経営に必要なデジタルデータ類もバックアップを改めて取り、持ち運べる記憶媒体に保存したうえで、防水仕様の袋にしまい、これらも高いところに保管した。

さらに、コンビニ本部などとのやりとりの際に使う通信手段を確認し、本部の担当者やフィールド担当の営業職員との連絡体制、従業員の安否確認の手順なども、念のため確認した。

教訓　浸水の基本的な対策として、家庭では以下のような取り組みが必要となる。

①通帳・保険証・免許証・パスポートなどの重要書類は、浸水から逃れられる高い場所に移動しておく。
②自動車は早めに安全な場所へ移動させる。移動が難しい場合には、せめてエンジン部分の浸水だけでも防ぐ工夫をする。
③畳を高い場所へ移動。仮に移動が困難であっても、せめて、食卓などの上に載せておくだけでも、畳の浸水を防げる場合がある。
④必要な医薬品や数日分の衣類だけでも浸水から退避させる。
⑤高価な家電製品、コンピュータ、データ記憶装置、情報関連機器など、簡単に移動できるものは、できるだけ高い場所へ移動する。
⑥重たい家財を少ない人数で無理に移動させようとすると、思わぬ怪我につながるので注意する。

畳

畳を高い場所へ移動する。食卓の上に載せるだけでも、畳への浸水を防げる場合がある。

自家用車

自家用車を早めに安全な場所へ移動する。
移動が困難な場合は、エンジン部分の浸水を避ける。

出典：家庭で役立つ防災（国土交通省）

家庭でできる浸水対策

浸水対策として家庭内で以下のような備えを行っておくことが重要である。

重要書類・高価な家電製品・衣類

重要書類、高価な家電製品、数日分の衣類は
高い位置に移動する。

高い場所に棚を作っておく

家の様々な場所に厚板で丈夫な棚を作っておくと、いざという時に大事なものの浸水を避けることができる。

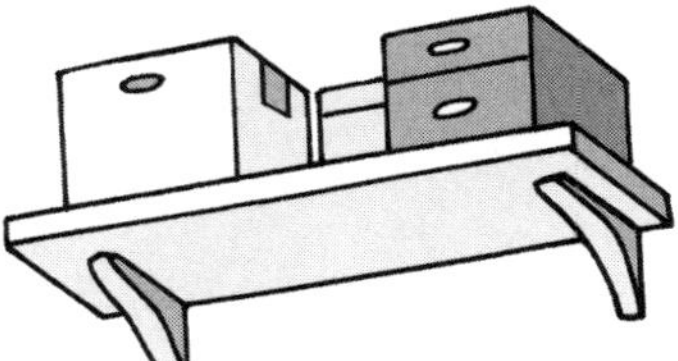

⑦風呂の浴槽の水は流さずに溜めておく。下水の逆流防止や生活用水としての利用などの利点がある。
⑧食品用ラップやガムテープはいろいろな用途に使えるので携行すべきである。

夕刻、市の一部の地域に大雨・暴風警報が発令された。こんな天候なので、さすがに、客足は鈍かった。ここ数日のような天候悪化による売り上げの落ち込みは、山岡のような規模の店にとっては、かなり厳しい。山岡の判断で、売り上げが伸びないことを予想して仕入れをしぼっているものの、消費期限の近い商品もある。

山岡は感じていた。コンビニは、思いのほか天候に左右される業種だ。天候がよい行楽日和《びより》には、食品や冷たい飲み物などが多く売れる。梅雨時には、雨具のほか、湿気対策のグッズだ。しかし、これほどの悪天候では、手も足も出ない。不可抗力の天候悪化による売り上げ減少リスクに備える――そうしたことも経営者として必要なのではないか。

解説 山岡のように、天候や気候によって商品の売り上げやサービスの利用者が変動してしまう仕事をされている人にとって、悪天候などにより売り上げが減少してしまうことは非常に頭を悩ませる問題だろう。これに備えるための方法の一つとして「天候デリバティブ」がある。

「天候デリバティブ」は、企業が保険会社に契約料を支払い、契約された一定の期間内に一定の条件の天候や気候になった場合、保険会社から支払いが受けられるというものである。

たとえば海水浴場で海の家を経営する会社が、「海水浴シーズンである七月、八月において、その平均最高気温が三〇℃を下回った場合、保険会社より〇〇万円を受け取る」といった具合の契約になる（実際に何人の海水浴客が海の家を利用したかなどは無関係）。

一般家庭ではあまり関係のない話題ではあるが、このような備えがあることもぜひ知っていただきたい。

今日は安全を考えて、帰宅が難しくなる前に従業員を早めに帰宅させた。これも店の主《あるじ》としての自負の表れであった。また、シフト表を見直し、台風がさらに接近する明日は必要最低限の態勢とし、近くに住む一人以外は休みを取らせたいと思う。山岡は、遅く

までその連絡に追われた。

「娘に手伝ってもらうか……いや、やめておこう」

将来の防災を担っていくことになる若者——といえば大げさになるが、これからさらに厳しくなっていくであろう日本の気象と付き合っていかなければならない娘を、いまから雨嫌いにするのは得策ではないように思えた。

！竜巻発生（三日目・午前）

台風は、引き続きゆっくりとした速度で北上していた。明け方から一時間に三〇ミリ以上の激しい雨が降り続いている。さらに、Ａ市を含む広い地域が強風域に入った。店の情報端末にも本部から情報が順次入ってきていた。

その一方で山岡はむしろ落ち着いていた。これまでの経験で台風の備えには自信を持っているし、いつものように準備も万全である。従業員への指導も抜かりがない。

電話が鳴った。店の一番人気「やわらか弁当」の宅配注文だ。山岡は宮路に伝えた。

「今日はいつものバイクではなく、軽自動車を使ってくれよ。気を付けてな」

その後も山岡は慣れた様子で、重要な機器や高額な商品を二階に持っていくなど、一つ一つ準備を続けた。

「ドーン！　バリバリッ！　ガシャーン！」

山岡が二階を整理していると、突然、何か大きなものが落ちたような音がした。店のガラスが揺れるほどの衝撃もあった。何事かと思い、外を見てみると、他の店の看板が落下し、吹き飛ばされている。

さらに遠くのほうに目を凝らしてみると、車が無残にも横転しているではないか。なかに人がいるかと思い、救助するべく急いで車に駆け寄ったが、幸いなことに車には人はいなかった。しかし、台風が接近しているとはいえ、車が横転するほどの暴風ではない。

スマホを立ち上げてみると、フォローしているツイートに、巻き上げるような風の動きを見たとの目撃談が増えている。竜巻《たつまき》が発生したようである。

予想もしない事態だった。慌てて妻の沙織と娘の無事を確認するために連絡をしたが、特に変わったことはなかった。ほっとしたのも束《つか》の間、山岡の脳裏に、宮路の顔がよぎった。彼の持っている携帯電話に連絡したが、応答がない。何度もかけ直したが、やはり応答がない。血の気が引く。

いまどこにいるのか、竜巻に巻き込まれたのではないだろうか、助けを求めているのではないか。携帯がつながらないと、手がかりさえつかめない。
「こんなときのために無線があれば……いや、車の位置確認をできるGPS機器、ドライブレコーダーをなぜ載せておかなかったんだろう……」
山岡は気が気でないまま、為《な》す術《すべ》なく店内をうろうろ歩き回っているうちに、時間が経過し、ようやく宮路が店に戻ってきた。聞けば、行きは思いのほか順調に移動でき、無事に弁当自体は届けることができた。しかし、店への帰り道、本来通るべきアンダーパスの道路が冠水していたことなどもあり、かなり遠回りをして、ようやく店にたどり着いたとのことだった。

教訓 大雨の際に道路のアンダーパスが冠水する可能性があることはよく知られた話であるが、アンダーパス以外でも地下道や周囲より地盤が弱いためにすぐに冠水してしまうような土地もある。多くの地方公共団体がハザードマップで道路の冠水想定箇所を示している。もう一度、地域のハザードマップをご確認いただきたい。

あとでわかったことだが、あのときの突発性強風はやはり竜巻だった。被害の範囲はと

竜巻から身を守る方法

宮路は竜巻被害を受けることはなかったが、万が一、竜巻に遭遇した場合は、以下の避難行動を取るようにする。

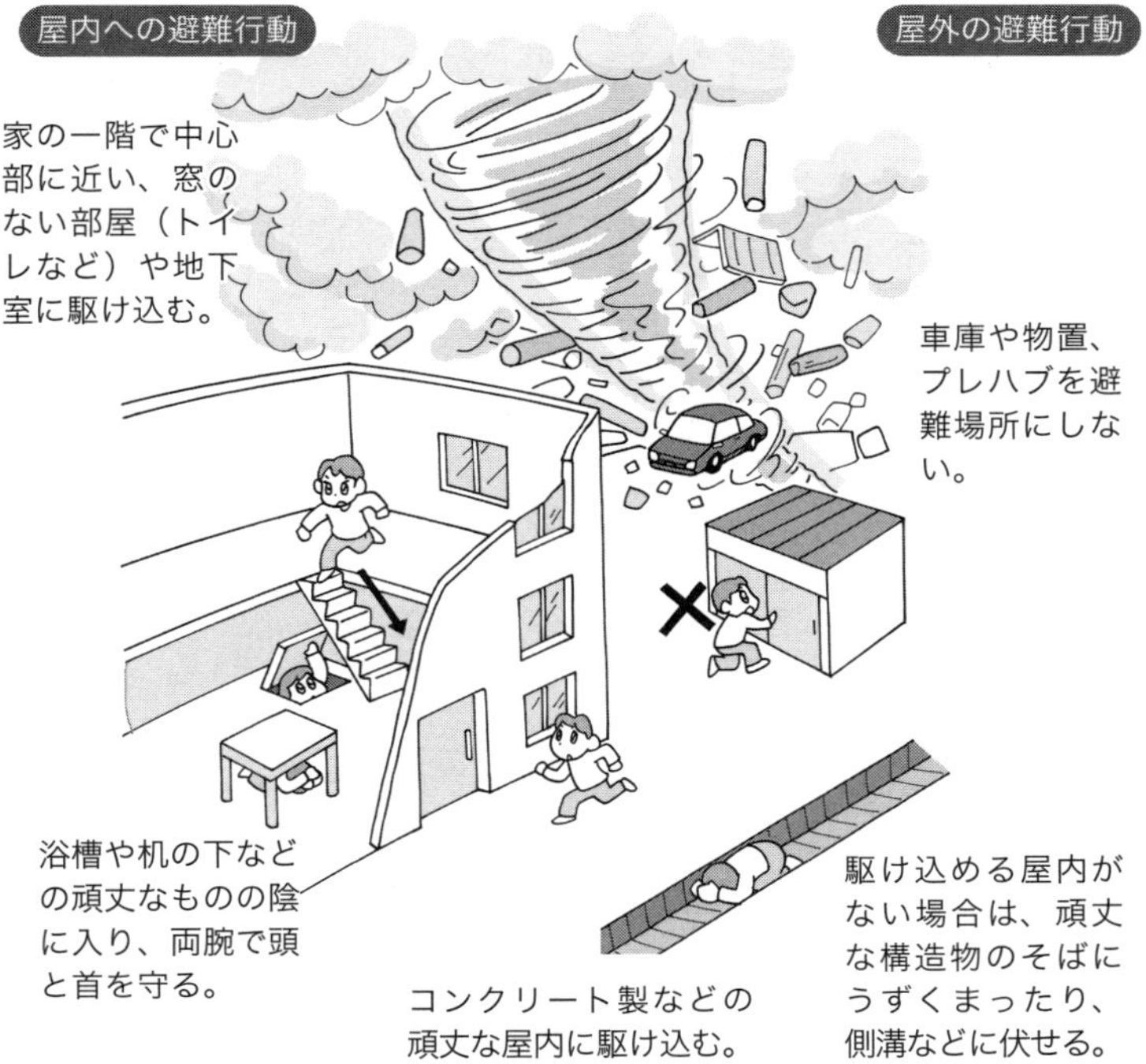
屋内への避難行動
屋外の避難行動
家の一階で中心部に近い、窓のない部屋（トイレなど）や地下室に駆け込む。
車庫や物置、プレハブを避難場所にしない。
浴槽や机の下などの頑丈なものの陰に入り、両腕で頭と首を守る。
コンクリート製などの頑丈な屋内に駆け込む。
駆け込める屋内がない場合は、頑丈な構造物のそばにうずくまったり、側溝などに伏せる。

出典：竜巻から身を守ろう！ー自ら身を守るためにー（内閣府）

ても狭く、大した被害はなかったが、竜巻は現在の技術の進展をもってしても、その発生や進路などに関しては予測が困難で、対策が難しいとされている。山岡は新たに目にした自然の脅威に身震いした。

教訓 実は竜巻は、日本全国で年間に平均二五件も発生している（二〇〇七～二〇一五年平均。海上竜巻を除く）。竜巻は激しい突風の一種であり、他にダウンバーストやガストフロントと呼ばれる突風も存在する。

竜巻などの突風は狭い範囲で突発的に発生することが多いため、大雨などの予測に比べると、高い精度で予測することは現状では困難である。そのため、万が一竜巻に遭遇してしまった場合は、堅牢《けんろう》な建物内に避難することや、ガラスなど危険物から離れるなど的確な判断が重要である。

！大雨・洪水警報発令（三日目・夕刻その一）

今回の台風の特徴は、その規模が非常に大きく、暴風域は中心の東側二八〇キロにまで及んでいた。さらには、オホーツク海上からのびる秋雨前線と合流し、進行するスピードが時速一〇キロから二〇キロとゆっくりであることも相まって、暖かく湿った空気が長時間もたらされた。その結果、A市を含む広範な地域に、近年まれに見る大雨をもたらしている。

台風はその後もゆっくりとしたスピードで北上。A市全域に対し、大雨・暴風警報が継続して出されている。県内の積算雨量は、多いところで五〇〇ミリを超えているようだ。「特別警報」も発令されかねない勢いである。

解説　「特別警報」とは、警報の発表基準をはるかに超える豪雨や大津波などが予想され、重大な災害の危険性が著しく高まっている場合に出される警報のこと。気象庁が発表し、最大限の警戒を呼び掛けるもので、二〇一三年（平成二五年）八月から運用を開始している。

特別警報が出た場合、住んでいる地域が、数十年に一度しかないような非常に危険な状況にあるため、周囲の状況や市町村から発表される避難指示・避難勧告などの情報に留意し、ただちに命を守るための行動を取る必要がある。

大雨がこれだけ降り続くと、近くを流れる支川の水位が気になる。その川の下流部に対し、すでに洪水注意報も出されている。警報が出るのも時間の問題だろう。山岡は普段から隣接する市や町が発行している、水害用のハザードマップも店に常に置いておいて、必要な時に見られるようにしてある。

以前、勉強がてら各地のハザードマップを見ていて、山岡は気付いたことがある。ハザードマップを作っている地方公共団体ごとに「予想される浸水深」の程度を示す際の色使いが異なっていたり、掲載されている情報の内容に違いがあったりしているのだ。この統一のなさに山岡は不満を持っていた。

山岡は、近くの支川の様子を直接、見に行きたい衝動にかられた。しかし、増水している川に近づくのはとても危険であり、やめた。その代わりに、常時、川の様子を映し出しているライブカメラの映像を配信するサイトで様子を確認した。

教訓 山岡が判断したとおり、増水している川に興味本位で近づくのは非常に危険である。そのほかにも台風襲来時は用水路や海岸にも近づいてはいけない。また、強風のなか、屋根など屋外で作業することも大変危険である。このように台風が襲来し

台風襲来中の注意点について

台風襲来中は以下の行動は危険が伴うため避ける。

用水路の見回り

海岸の見回り

屋外の作業

出典：内閣府

てから外出しなくて済むよう、事前に備えておくことが重要である。

いつもの穏やかな川とは一変し、濁流が渦を巻きながら流れている様子が見てとれる。最近は災害に関係する情報を簡単に見られるサイトが充実してきているが、支川までカバーしているところは少ないし、カメラの映像が見にくいなど、まだまだ使い勝手が悪い。

「ユーザー目線は大事だよな」

山岡は自分に言い聞かせているようだった。

さらに、川の水位情報を確認した。それによると、今日の水位変化は急激だ。もともと一・五メートルだった水位がぐんぐん上がり、午後四時時点では、六メートルにまで上昇している。いわゆる「氾濫《はんらん》の恐れが生じる水位」である「氾濫危険水位」まで、あと三・五メートルあまりだ。

本川がこういう状況だと、事は急を要する。山岡はすぐに店の浸水対策に着手した。

解説 「氾濫危険水位」とは、洪水などによって相当の家屋に浸水などの被害が生じる恐れがある水位のこと。この水位まで上昇すると非常に危険な状態である。

！病院への浸水（三日目・夕刻その二）

その頃、医療センターでも、万が一の浸水に備えて準備が始まっていた。

医療センターでは、開設早々に病院としての「災害対応マニュアル」は作成しており、これに基づく職員の研修や訓練も定期的に行っていた。さらに同センターでは、東日本大震災において多くの施設が「想定外」の事態に遭遇し、それまでの災害対応マニュアルの限界点が明らかになったことを重く見て、いわゆるＢＣＰの策定を終えたところであった。

解説　BCP（事業継続計画：Business Continuity Plan）とは、企業が自然災害、大火災、テロ攻撃などの緊急事態に遭遇した場合において、事業資産の損害を最小限にとどめつつ、中核となる事業の継続あるいは早期復旧を可能とするために、平常時に行うべき活動や緊急時における事業継続のための方法や手段などを取り決めておく計画を指す。

BCPを策定する過程では、災害への備えの考え方が変更された点がある。たとえば、医療センターでは以前から水・食料は三日分つねに備蓄されていた。しかし、BCPの議論をしていくなかで、不測の事態を考慮し、「備蓄の対象は既存の入院患者だけでは足らず、被災患者やその家族、職員、応援者の分を含めて最大人数で計算して備蓄する」ことにした。

また、「受水槽が壊れて数時間で水が枯渇してしまう可能性」や「交通の遮断や浸水などで医療センターが孤立し、外部からの水供給が遅れる可能性」を考慮して、「浄水器を備えたり、地下水や井戸水を利用できるようにする」「受水槽や給水管を補強する」などの対策が取られていた。

災害時の病院における業務の中心は、病院の機能を維持したうえで、被災した患者を含めた患者すべての診療を行うことにある。このため、水害対応ならではのリードタイムを活かし、災害に対応して、業務が円滑に行われるよう、早々に院長を本部長とする災害対策本部を設置し、その下に必要となる各部門が立ち上げられていた。

日の入りが近いこともあり、各部門は、それぞれの責任者の下、職員の勤務状況の把握や、患者の状況、特に急性期の患者の体調チェック、使用中の医療機器の作動状況や必要な物品、情報伝達手段なども改めて確認が行われていた。

そうしたなか、職員が異変を察知した。病院の建物の土台部分が水に浸かり始めていたのだ。

実は、近くを流れる支川からすでに水があふれ始めていた。どうも、上流から流されてきたであろう流木などが、支川にかかる橋にひっかかったため、水が一時的にせき止められ、そこから水があふれ出ているようであった。

こうした小さい河川では、水位の上昇が極めて速く、水位計なども設置されていないことが多い。このため、予め増水の状況などを詳しく知ることが難しい場合があり、注意が必要である。

また、このような小さい河川であっても、濁流によって河岸が浸食され、周辺の建物が流れ出してしまうような重大被害が生じるケースもあり、油断することはできない。

医療センターの職員は手分けをして、浸水を止めようと力の限りを尽くした。しかし、徐々に水が押し寄せ、数時間後、とうとう一階部分への浸水が始まった。

！店舗への浸水（三日目・夕刻その三）

山岡は、これまでの経験から、台風や大雨のときの浸水に対しては、店の外側からブルーシートと土嚢《どのう》で覆えば、十分食い止めることができると判断していた。

「たかが支川だ、心配することはない」

予め土嚢は準備してあったので、店員の宮路に指示し、順調に積み終えることができた。

しかし、山岡の自信はただの過信だった。今回は、台風による降雨が長く続き、支川を流れる水の量がこれまでになく多いうえに、山岡の店から遠くない箇所で流木によりせき止められてしまうという不運が重なった。

支川からあふれだした濁流は、山岡の知識と経験から想定していた土嚢の高さを越えて押し寄せ、とうとう店内に水が入り始めた。すでに夜となり、周囲が暗いなか、かろうじて店の電気は使えるものの、不安がつのる。タオルを敷き詰め、モップなどで水をかき集めたものの、それを上回る水が入り込んでくる。

山岡は想定外のことに焦《あせ》った。やむを得ず、水を吸収して重くなる紙おむつを敷き詰めて使ってみたが、結局プカプカと浮いてしまい、まったく役に立たない。

そこで、宮路が提案した。

「簡易水嚢で防ぎましょう。ごみ袋に水を半分程度入れ、段ボール箱などに入れて並べるんです。資材はありますし、やらないよりましです」

「よし、やろう。その方法を教えてくれ！」

解説　水嚢とは水害を防ぐために、ごみ袋などに水を入れて用いる浸水防止資材のこと。土や砂を使った土嚢が用意できない場合、緊急に代用できる。

！店舗への浸水継続中（四日目・その一）

宮路の発案の簡易水防工法では、水そのものの浸入を止めることはできなかったが、勢いはだいぶ軽減された。

教訓　簡易水防工法には次のような方法が挙げられる。

①ごみ袋による簡易水嚢

●家屋への浸水を防ぐ。

●排水路からのあふれを防ぐ。

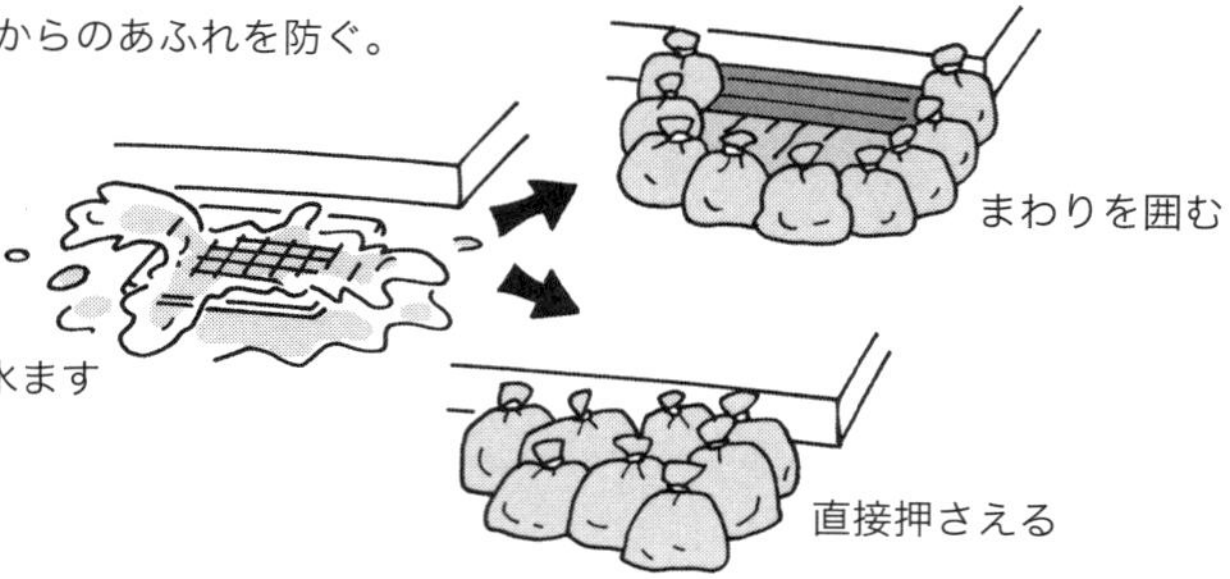

●宅地などに浸水した水の
排水路を作る。

出典：目黒区ホームページ

家庭での土嚢の作り方と使い方

山岡は土嚢とブルーシートを組み合わせて浸水を防ごうとした。土嚢は浸水を防ぐための最も基本的な備えの一つであり、以下のように簡単に作ることができる。また、右の図のような活用方法もある。

重さはおよそ30キロくらい。

※土嚢の使用目的、河川の特性により重さは異なる。

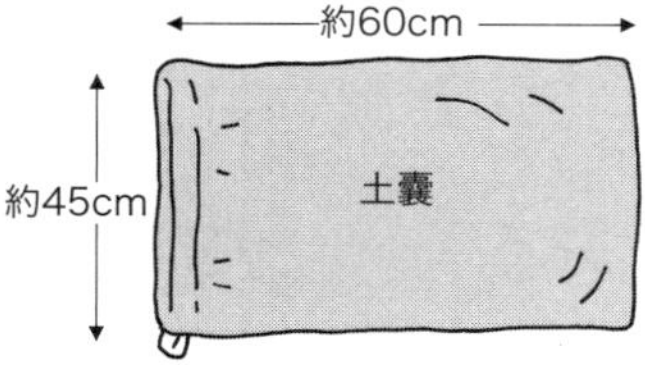

〈ビニール・合成繊維袋〉

スコップで、袋に約７～８割の土を入れる。

結び方

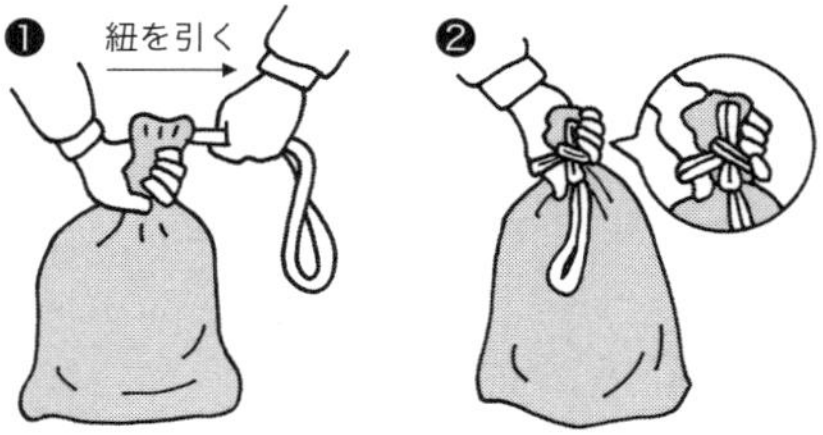

袋のはしに出ている紐を引いて、袋の口をしぼる。

しぼり終えたら、紐を２～３回まわして、紐の先を上から下へ通し、引いて締める。

かみくくし巻き
（巻き結び）

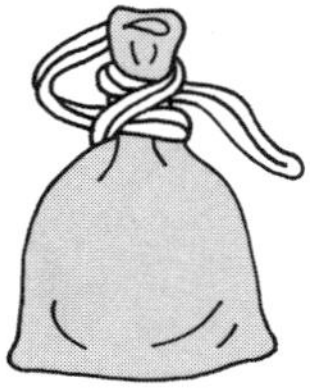

より強く結ぶ方法として、かみくくし巻きがある。

出典：国土交通省静岡河川事務所

水嚢と板による簡易止水板

玄関などの出入り口を長めの板などで塞ぎ、水嚢で固定すると浸水を軽減できる。

ポリタンクとレジャーシートによる止水

10～20リットルのポリタンクに水を入れ、レジャーシートで巻き込み、連結して玄関の止水に使用することもできる。

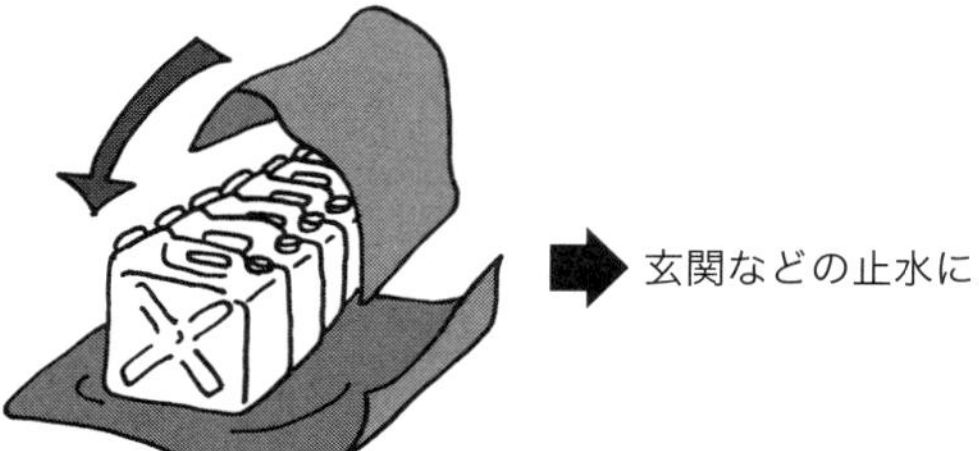

出典：家庭で役立つ防災（国土交通省）

家庭での様々な止水法

宮路の提案した水嚢には、以下のとおり様々な用途がある。また、水嚢以外にもプランターなどを簡易的に使う方法もある。

ごみ袋で簡易水嚢を作る

玄関などの前に隙間なく詰めると浸水を軽減できる。
段ボール箱に入れると強度が増す。

プランターとレジャーシートによる止水

土を入れたプランターを、レジャーシートで
巻き込み、玄関の止水に使用することもできる。

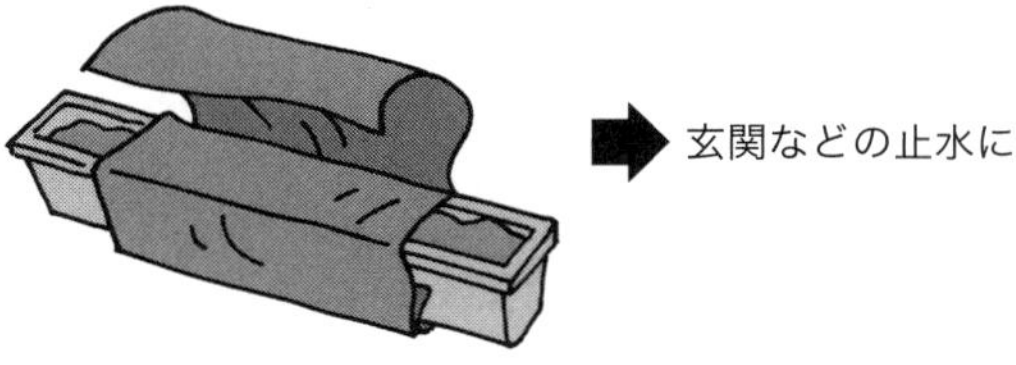

四〇リットル程度の容量のごみ袋を二重にして、なかに半分程度の水を入れ、口を閉じる。これをいくつか作り、段ボール箱に入れ、連結して使用する。
②ポリタンクとレジャーシート
一〇リットルから二〇リットル程度のポリタンクに水を入れ、レジャーシートで巻き込み、連結して使用する。
③プランターとレジャーシート
土を入れたプランターをレジャーシートで巻き込み、使用する。
④簡易止水板
出入り口に長めの板などを使用し、水嚢で固定し浸水を防ぐ。

簡易水嚢工法は特に、水深が浅い段階で有効で、玄関などの出入り口だけでなく、床下への浸水防止にも有効である。


山岡は、昨日からの浸水対策を行うかたわら、自分の家族、さらには従業員の安否の確認も忘れることはなかった。

連絡を取ったところ妻の沙織と娘の理穂は無事で、自宅への浸水も心配なかった。従業員のなかには、昨日のうちにすでに自宅を離れ、予め指定された避難所である公民館に避難している者もいたが、みな怪我もなく無事であった。

そのようななか、山岡の住むA市では、支川が氾濫している状況を踏まえて、昨晩から「無理な外出は避け、自宅の二階などへの垂直避難も検討してください」との呼びかけが継続して行われていた。


教訓　災害の発生時やその恐れがある場合、指定緊急避難場所や指定避難所などに避難することを「水平避難」というのに対し、夜間で見通しが悪いなど、指定緊急避難場所などに避難することが危険な場合に、自宅の二階以上などに避難することを「垂直避難」という。

この考え方は二〇一三年（平成二五年）一〇月に伊豆大島で発生した土砂災害を受けて、二〇一四年（平成二六年）四月に内閣府で改定した「避難勧告等の判断・伝達マニュアル作成ガイドライン」において、家屋内にとどまって安全を確保することも「避難行動」の一つとして明記された。

ただし、利根川《とねがわ》や荒川《あらかわ》が氾濫した場合や、東京湾の大規模な高潮などの被害想定では、浸水深が五メートルを超える危険も指摘されているので、「垂直避難」のような屋内での安全確保措置は、外出が危険な状況における、あくまで例外的な対応ということを忘れてはならない。

自宅など自分がよくいる場所がどのような地理的条件にあるか、地域や職場でよく話し合い、どのような災害が起こりそうかをハザードマップなどで共有して、早めの避難行動を取ることが大事である。

宮路は、「夜間で見通しがきかない状況において、いくら地理に詳しいとはいえ、足元が見えないので側溝や用水路などに転落する可能性もある。きわめて危険である。さらに、水の流れが意外と速そうで、とても危ない感じがする」という。

山岡は、もっともだと思った。確かに、川の氾濫などに対する対応としては、十分な時間的余裕をもって立ち退き避難をすることが原則である。しかし、夜間など危険が察知される場合は別だ。

山岡たちは、念のため、売場より高い位置にある、普段はイートインとしても利用している二階部分に避難し、ここに暫《しばら》くとどまる覚悟をした。

水平避難と垂直避難

災害時には指定緊急避難場所や指定避難所に避難することが基本である。一方、そのような避難が危険を伴う場合、緊急的に自宅の2階など垂直方向に避難する方法もある。

水平避難

避難所

垂直避難

出典：内閣府

教訓 やむを得ず浸水したなかを歩かなければいけないときには、次のようなことに注意する必要がある。

①長靴（長靴は水や泥が入ると動きにくくなり、またサイズが合わないと脱げやすく危険）や裸足《はだし》は危険なので運動靴を履く。

②長い棒などを杖《つえ》代わりにして、水中の障害物に注意する。

③深い浸水のなかを歩くと、マンホールなどに気付かず、吸い込まれてしまう場合があるので注

浸水の避難行動における留意点

やむを得ず浸水したなかを避難する際は、以下の点に注意する。

長い棒などを杖代わりにして、水中の障害物に注意する。
離れることがないよう、ロープで体をつなぐのもよい。
避難は複数人で行うようにする。
長靴や裸足は危険なので運動靴を履く。

出典：洪水ハザードマップ イラスト集（国土交通省）

意する。
④お年寄りや体の不自由な人などは、背負って避難する。
⑤幼児には浮き袋を利用する。
⑥氾濫による水は汚水が混ざっているので、むやみにさわらない。
⑦浸水のなかを歩ける深さの目安は、男性で七〇センチ、女性で五〇センチ。
⑧家族とはぐれないように、お互いの体をロープなどで結んで避難する。
⑨切れた電線など危険なものには近寄らない。

！病院への浸水継続中（四日目・その二）

医療センターにも、昨日からの必死の浸水防止対策にもかかわらず、水が奥まで入り込んでいた。医療センターでは、一階部分にある医療機器などを順次高いところに移動させていたが、移動させきれなかった一部の機器が水に浸かり、使い物にならなくなった。

それ以上の問題は、入院患者、特に重症患者を、院外に避難させる必要があるかどうか、という点であった。仮に避難させる場合、センター独力では万全を期すことが難しいため、「ＤＭＡＴ」に依頼する必要が出てくる。

解説　「DMAT」とは「災害急性期に活動できる機動性を持ったトレーニングを受けた医療チーム」のことで、災害派遣医療チーム（Disaster Medical Assistance Team）の頭文字を取って略し、DMAT《ディーマット》と呼ばれている。

医師、看護師、業務調整員（医師・看護師以外の医療職及び事務職員）で構成され、大規模災害や多傷病者が発生した事故などの現場に、急性期（おおむね四八時間以内）に活動できる機動性を持った、専門的な訓練を受けた医療チームである。

阪神・淡路大震災では、初期医療態勢の遅れから、平時の救急医療レベルの医療が提供されていれば救命できたと考えられる、「避けられた災害死」が五〇〇名存在した可能性があったと報告された。この教訓を活かし、各行政機関、消防、警察、自衛隊と連携しながら、医師が災害現場で医療を行う必要性が認識されるようになった。それを踏まえて厚生労働省により二〇〇五年（平成一七年）四月に災害派遣医療チーム、日本DMATが発足した。

医療センターでは「避難するか否《いな》か」について、事前に判断基準は作成していたが、実

際には相当の議論があった。なかでも、医療センター側には、今後の浸水の深度やスピードの見込みがどの程度になるか見極めるための情報が十分になかったことが判断を難しくさせた。ただし、医療センターとしての組織運営やライフライン（燃料、水、情報通信など）については、事前に策定していたＢＣＰに基づく備えが多重になされていたため、懸念が少なかったことは幸いだった。

最終的には、各行政機関が有している情報などを収集し、総合的に判断したうえで、二階部分にまで浸水が及ぶ見込みはないと予想し、院外避難はしないと決断した。

他方、念のための措置《そち》として、夜間であったが、患者に十分な説明をしたうえで、山岡の父親を含む二階の入院患者全員を三階に移動させる措置をした。

結果的には、この早めの判断が功を奏した。というのも、移動作業が終了して間もなく、停電が起こったからだ。医療センターとしては、浸水などの災害にあった場合、避難するかどうか判断するための情報収集をどうするかなど、課題が今後に残された。

!復旧（一一日目）

それから一週間が経ち、山岡の店でも掃除が終わり、医療センターの診療再開に合わせ、通常の賑《にぎ》わいを取り戻しつつあった。

山岡は今回の災害を通じ、これまでの自分を見つめ直すよい機会になったのではないかと、前向きに捉えている。従業員との関係、「運命共同体」ともいえる医療センターとの関係、地域との関係、これまでの独りよがりを脱し、みなと力を合わせて地域を盛り立てていきたいと切実に思った。

——一ヵ月後、山岡の店を統括するコンビニ本部と医療センターの間で、災害時の協力を強化するための協定が結ばれた。

解説 地方公共団体によっては、コンビニ本部と地方公共団体間で災害時の応援協定を結んでおり、必要となる物資の供給などについてコンビニは協力する必要がある。このような物資供給に関する協定をはじめ、近年、民間企業と地方公共団体の間で多くの協定が結ばれている。

山岡としても、今回の反省を活かし、こうした取り決めを実のあるものにするため、従業員の宮路とともに、日頃から訓練や交流イベントに積極的に関わっていこうと思った。

店子《たなこ》の立場からもどんどん防災のために本部へ意見をいえる関係、みな協力して支え備える関係を作り上げていくのだと決意した。

そのためには、山岡自身が地域のなかに入り込んでいき、日頃から顔の見える関係を作り上げていくことが大事だ。

「隗《かい》より始めよ」――山岡はそう思った。

コラム 2 過去の災害を示す地名

水に関係する文字「川」「池」「浜」「津」「洲」「浦」「沢」「湧」などはもちろん、「浅」「深」「崎」「戸」「門」「田」「谷」なども海岸線や川の近く、低地、湿地帯などを表していて、過去の津波到来や台風、豪雨などの増水時には大きな被害があったと考えられる。また「蛇」「竜」「龍」などが使われている地名には、過去に大規模な土砂災害が発生しているケースが多く、「蛇抜《じゃぬけ》」「蛇崩《じゃくずれ》」などの地名は土砂が流れていく様を表しているとされている。また増水時に川が蛇行《だこう》して荒れていく様を、空想上の「龍」に見立てて地名としている場所は全国に見られる。

わかりにくいケースとしては、災害とはかけ離れているような動物や植物などの地名が災害の発生を表している場合もある。「牛」「猿」「鷹《たか》」などの動物や「梅」「栗」「柿」などの植物も、その地に起きた災害を示している場合がある。実は、地名に込められているメッセージは、使われている地名の文字そのものではなく、その「読み」に本来の意味があるのだ。

（出典：政府広報オンライン「地域の防災情報二〇一五年版」）

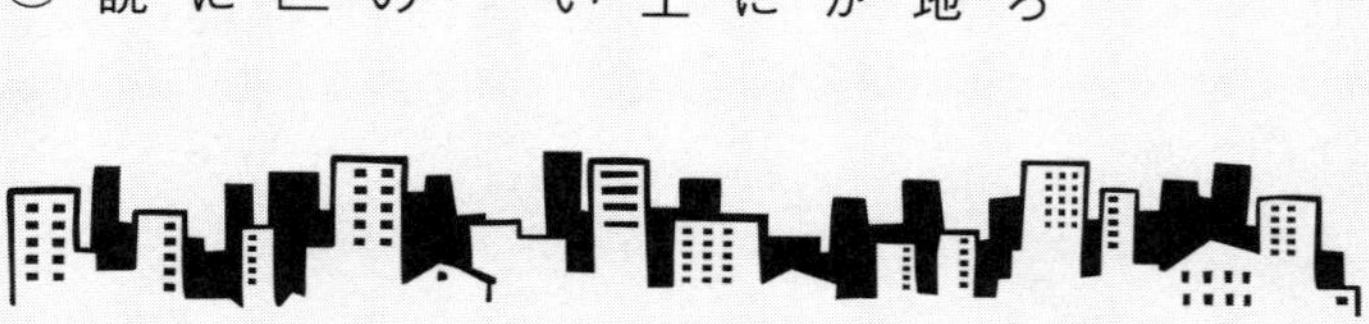

土砂災害

地方銀行に勤務し母を介護する高橋正夫（六四歳）の場合

高橋正夫《たかはしまさお》（六四歳）は都心から車で二時間ほどのB県に住む六四歳。妻の晴香《はるか》は三年前に他界し、寝たきりの母、トキ（九〇歳）と二人で暮らしている。現役の頃は、東京の都市銀行で営業の第一線で活躍していたが、五〇歳を過ぎてから地方銀行に転職。六〇歳の定年を迎えて退職し、母の看病のために地元に戻り、いまは地元の地方銀行で働いてい

る。

一人娘の明日香《あすか》（三一歳）は東京の損害保険会社に就職し、職場の五つ上の上司と昨年結婚。妊娠九ヵ月目に入っており、来月産まれてくる孫の顔を見るのが楽しみである。

！土石流発生（一日目）

月曜日の朝、家を出ようとすると、玄関の傘《かさ》立てが赤く光っていた。雨を知らせる合図だ。

この傘立ては昨年五月にクラウドファンディングで購入した正夫のお気に入りである。天気予報をインターネット経由で取得し、人感センサーで今日の天気を教えてくれるのが特徴だ。いわゆる「ＩｏＴ《アイオーティー》」の一つである。

解説 クラウドファンディングとは、個人や企業が資金調達サイトを介し、広く一般に資金の募集を行うことにより資金調達を図る仕組み。群衆を意味する「crowd」と、資金調達を意味する「funding」を組み合わせて、クラウドファンディング（crowdfunding）と呼ばれている。

また最近は、個人や小規模事業者、あるいはＮＰＯなどが寄付をつのる仕組みとしても利用されている。双方にとって相手の顔がよく分かるため、こうしたことをきっかけにネットワークが生まれ、次回は寄付した側が被災し、逆にお返しをされるなど、新たな共助の仕組みとなることも期待される。

解説　ＩｏＴとは「Internet of Things」の略である。コンピュータなどの情報・通信機器だけではなく、世の中に存在するあらゆるものがインターネットに接続したり、相互に通信したりすることによって、単なる「モノ」が、自律的に機能を発揮する「モノゴト」化することを指す。

単にデータを受信するだけでなく、データを発信するということは、それがセンサーの役割を果たすということである。すでに河川の流量や流速情報などを感知し発信するブイや、スマートフォンと連動する煙感知器などが開発されているほか、避難行動要支援者への避難誘導支援ツールとしての活用も研究されている。

平時にも経済的価値が生まれ、災害時には防災機能を発揮するものとして、これからの防災分野における活用が期待される。

天気予報でも雨だったと思い出しながら、正夫は傘を持って出かけた。

正夫の仕事は法人向け融資担当である。都市銀行時代は営業の第一線で支店長まで登りつめた正夫であるが、最近ではマイナス金利による利ザヤの低下やネット証券の台頭による個人向け投資商品の販売の減少、FinTech（フィンテック）といわれる金融とＩＴを融合した他業種の参入により、既存の銀行業は斜陽産業であると感じていた。

正夫は相次ぐ大手メーカーの不祥事や倒産を見てきたなかで、銀行の生き残りはリスクガバナンス機能を発揮できるかどうかにかかっていると感じていた。が、ただでさえ都市銀行出身の正夫は行内で煙たがられる存在だ……短期的な収益減少の食い止めに躍起《やっき》になっている現在の銀行のなかで居場所を保つため、その思いは誰にも話さないでいる。

その日、いつものように午後六時頃に帰宅すると、はす向かいに住む近藤和夫《こんどうかずお》がちょうど母の寝返りを手伝ってくれているところであった。母の意識ははっきりしていたが、七年前に足を悪くして以来、寝たきりの状態が続いており、こうして誰かが寝返りをさせないと床ずれが激しい。近くの特別養護老人ホームに入れることも考えたが、なかなか空きが見つからず、しばらく有料老人ホームに預けていたものの、正夫が越してきてからは、経済的な理由から、自宅で面倒を見ていた。

近藤は正夫の幼馴染《おさななじ》みであり、同じ高校に通っていた同窓である。成績は優秀で、誰からも好かれる性格であったが、一風変わったところもあり、高校卒業後、大学には行かず、家業を継いで農家になった。

いまでは珍しいが、彼は代々続く野菜の「お裾分《すそわ》け」の慣習を続けており、彼を中心として、自然と近所付き合いが形成されていった。

また、彼の発案で始まった、C川沿いの花見大会は毎年の恒例行事で、一〇回目を迎える今年も盛大に行われ、東京に住む娘夫婦が参加してくれたこともあり、楽しい思い出となった。

娘の明日香からは、母を連れて一緒に住まないかとも誘われていたが、娘婿の厄介《やっかい》になるのも申し訳なかったし、正夫がB県に戻ったのは近藤の存在が大きい。正夫は近藤にお礼をいって帰した。

その晩、正夫は雨と雷の轟音《ごうおん》で目が覚めた。正夫の家は五年前に、足の悪い母のために全面バリアフリーに建て替えた。それからというもの、雨音など気になったことはなかったが、今晩は特別である。

正夫は気になってテレビをつけると「特別警報」と「避難指示」のテロップが流れていた。たまたまつけた通販ショッピングの音は外の轟音でかき消されている。正夫は昨年九月にニュースで見た河川氾濫の映像を思い出し、胸がざわついた。チャンネルを変えると、特別警報に伴う臨時放送を行っていた。どうやらまだ川はどこも決壊していないようだが、朝から降る雨が深夜に急激に強度を増し、河川水位が氾濫危険水位を超える見込みだそうだ。

窓を開けてベランダに出てみた。強い雨のなか薄目を開けてみると、避難する人々だろうか、懐中電灯の光がところどころに見える。遠くで市の防災行政無線から何やら呼びかけをしているのが聞こえるが、雨と雷の轟音にかき消されてよく聞き取れない。

びしょ濡れのまま部屋に戻り、正夫はこれからどうしようかと考え、先月の自治会の内容を思い出した。正夫の住む地域は、近藤の努力もあって、自治会の活動が積極的なエリアである。特に安全に関心の高い高齢者が多いことから防災活動には熱心であり、先月は、市の作成したハザードマップを見ながら起こり得る災害について話し合い、避難の方法について確認していた。だから正夫は落ち着いていた。

正夫の住む地域は中心市街地から車で一五分ほど離れた山の斜面にある。この辺りは日当たりのよい南斜面を使った近郊農業が盛んである。正夫もここに育ち愛着があったが、県が土砂災害特別警戒区域に指定したことを知っていたため、建て替えの際には別の場所に引っ越すことを母に強く勧めた。が、最後は慣れ親しんだ土地で、という母の思いには勝てず、いまの場所に住み続けることになった。

まず警戒しなければならないのは、土砂災害である。土砂災害は突発性が高く、事前予測が難しいため、逃げるのが困難である。そのため、人的被害に直結しやすいことが特徴だ。特に体が不自由な母を連れての移動となると、逃げだすことはまず不可能である。

正夫の家の近くにはC川が流れている。昔から洪水の多い地域だと亡き父から聞いていたため、家を建て替える際には五〇センチほど盛り土をしていた。しかし最近では河川整備も進み、氾濫も起こっておらず、その心配は低そうである。また、山の斜面に位置しており、水は低いところに流れることから、内水氾濫の心配もなさそうだった。

解説　内水氾濫とは、大雨などで側溝・下水道や排水路が水を流しきれなくなることによって逆流し、家屋や道路などが浸水してしまうことを指す。

ガレージなどの開口部は
堤防の役割を果たす門扉
(陸閘《りくこう》) や土嚢で防ぐ

囲む

防水性のある塀を設置する。

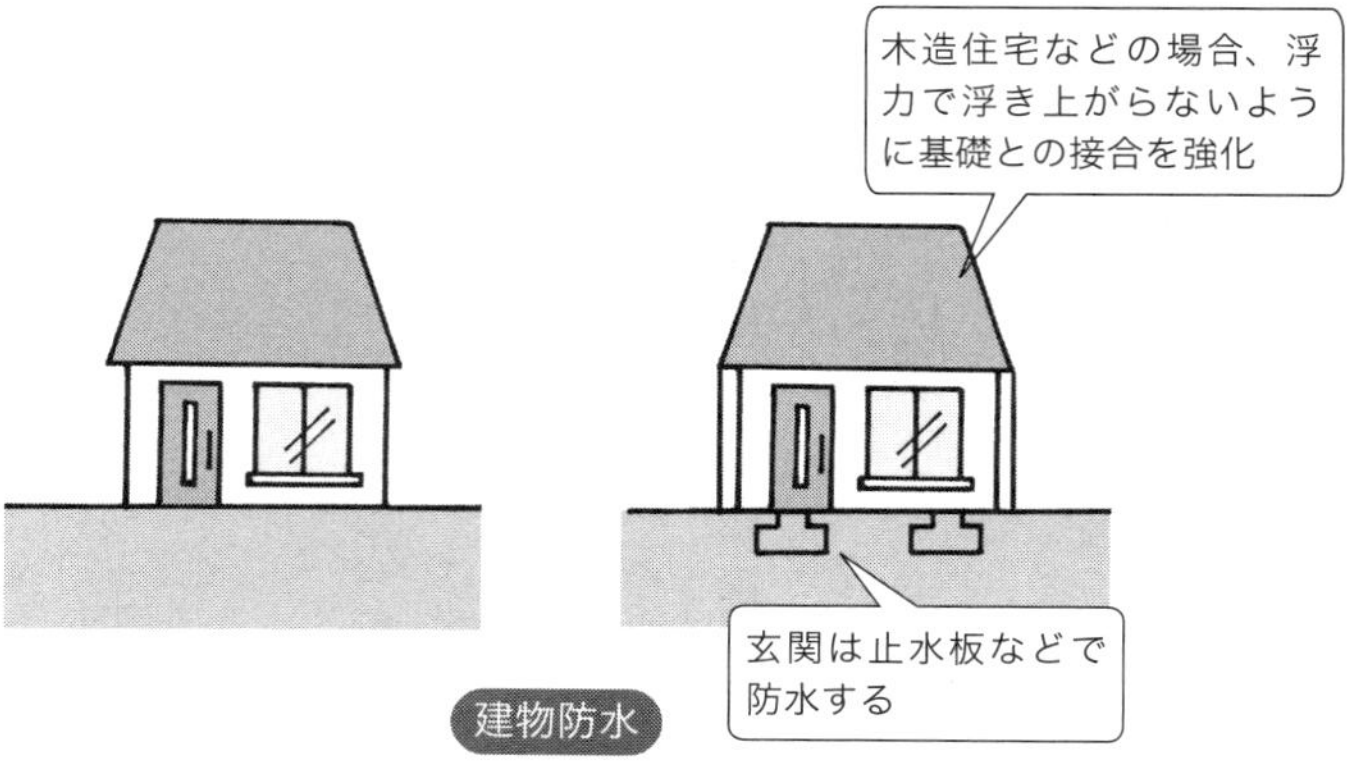
木造住宅などの場合、浮
力で浮き上がらないよう
に基礎との接合を強化
玄関は止水板などで
防水する

建物防水

外壁を防水性にする。

出典：内閣府

家屋の水害対策

正夫の自宅は盛り土により浸水対策を行っていたが、そのほかにも家屋の水害対策として以下のような方法がある。

沈下や崩壊が生じないよう注意

盛り土（嵩上げ）

敷地全体を高くする。

ピロティ構造やコンクリート造りがあるが、いずれの方法でも排水に考慮する

高床式

基礎を高くする。

正夫の自治会では、安否確認や情報共有、あるいは避難行動要支援者の避難支援のため、災害時の「バディ制」を取っていた。これを自治会では「近助」と呼んでおり、正夫は近藤とバディを組んでいる。

解説 東日本大震災の際に、逃げ遅れて亡くなった人のうち、高齢者や障害者の割合が高かったことから、特に配慮を要する人（要配慮者）のうち、災害発生後の避難時に特に支援を要する人の名簿（避難行動要支援者名簿）を市区町村が作成することが義務付けられた。

この名簿は、本人の事前同意のもと、行政だけでなく自治会などとも共有することで、実際に「共助」による避難支援に役立てることを目的にしている。こうした情報は、「個人情報の壁」で共有できないと思われているが、現在は可能になっている。

正夫は近藤に電話をかけた。

近藤の話はこうだった。近藤が先ほど玄関から外に出て様子を見ると、すでに外は膝下

土砂災害が起きやすい場所

土砂災害発生の危険性に応じて、「土砂災害警戒区域」「土砂災害特別警戒区域」が指定されている。

土砂災害が起こりやすい場所を知る

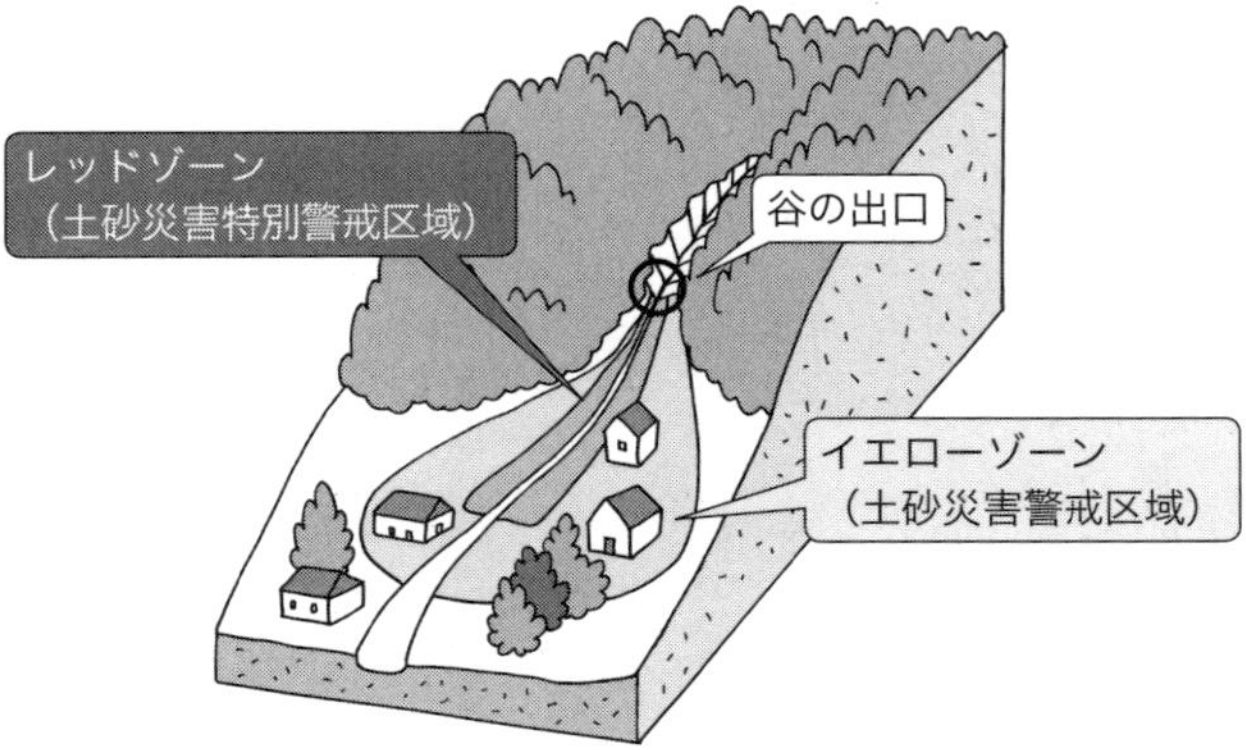
レッドゾーン
（土砂災害特別警戒区域）
谷の出口
イエローゾーン
（土砂災害警戒区域）

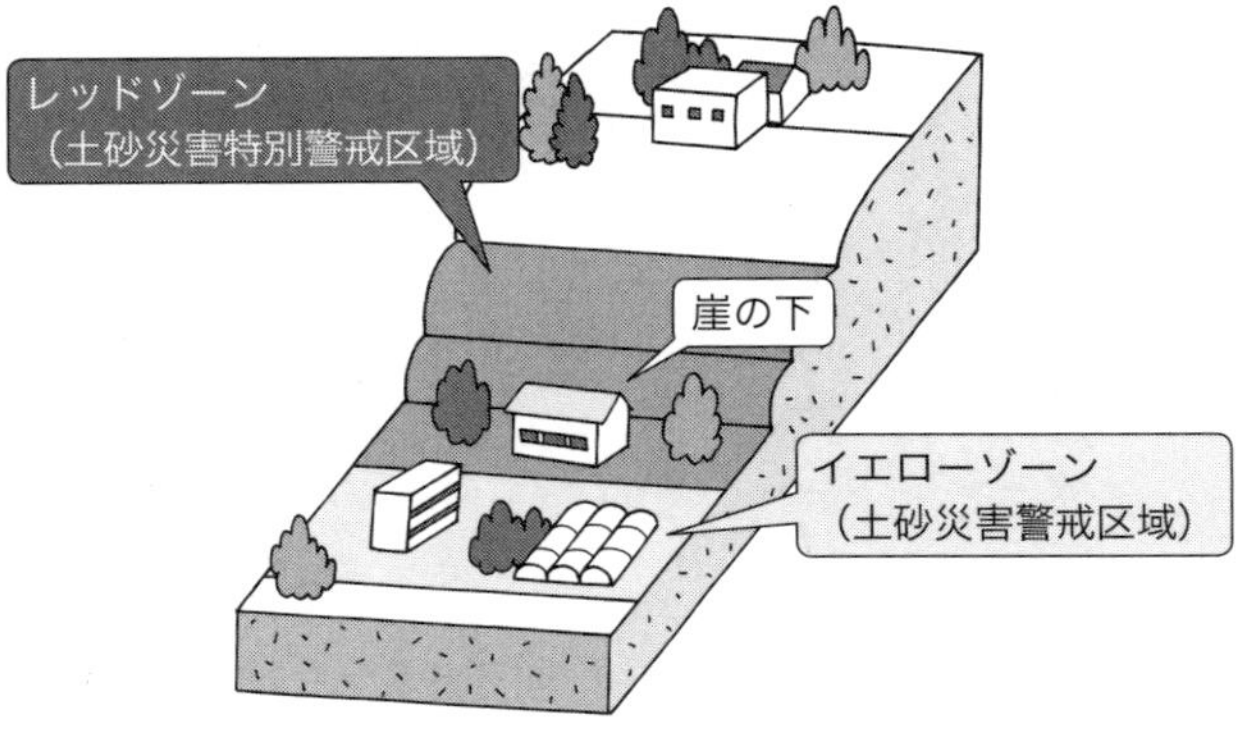
レッドゾーン
（土砂災害特別警戒区域）
崖の下
イエローゾーン
（土砂災害警戒区域）

出典：土砂災害から身を守る！（内閣府）

一〇センチのところまで水があふれており、深夜の真っ暗闇のなか、避難所まで歩いていくのは危険だ。今日は家族全員二階に避難して、夜が明けてから行動する、とのことであった。

正夫は多少の不安を覚えながらも、それが最適な策であろうと同意し、母を抱えて二階に避難した。警察に電話したが、悪天候のため救助活動は明け方になるとのことである。不安にさせるといけないので、東京にいる明日香に状況をメールで連絡した。

二階に移ってからも雨音は増すばかりである。外では市の防災行政無線がひっきりなしに鳴っているが、雨音にかき消されてよく聞き取れない。スマートフォンの災害アプリ情報では、かなり広範囲で一晩中強い雨が降り続けるとのことである。

正夫は、玄関に防災バッグを置きっぱなしにしていたことを思い出し、一人一階に下りかけた瞬間、ふっと電気が消えた。

そのとき下からの激しい衝撃音とともに家が揺れた。土石流《どせきりゅう》である。

正夫は無我夢中で二階に駆け上がって母のもとに戻り、部屋の入り口を携帯の明かりで照らし続けた。来るな！　来るな！　必死に扉の前に目をこらしていた。

一分ほどして轟音《ごうおん》がやんだ。どうやらここまでは届かないようだ。

正夫はすぐに警察に電話して状況と緯度経度を伝え、救助を要請した。警察からは、「県が自衛隊に災害派遣の要請をしたため自衛隊のヘリも待機しているが、悪天候のため、いますぐ救助には行けない。夜明けを待って救助活動を開始するが、それまで、できるだけ斜面と反対側の部屋に避難するように」との指示があった。

誰も助けてくれない……まるで母と二人、底の見えぬカルデラに放り込まれたような気分になる。

時刻は深夜二時。夜明けまで三時間半。いつ第二波が来るかわからない。鳴りやまぬ雷鳴と光にさらされながら、湿った土の嫌な臭いがする部屋のなかに二人取り残され、あとは建物の堅牢性《けんろう》を信じる以外どうすることもできなかった。

空が白み始め、いくぶん雨足が弱まってきた様子である。正夫は下の様子を見に部屋を出てみると、なんと一階の半分まで土砂で埋まっていた。「この家はもう駄目だな」……えらく他人事のような独り言が自然とこぼれた。

朝六時、携帯電話のメール着信音が鳴った。会社の安否確認メールだ。家の状況、家族の状況を入力し、出社不可を選択して返信した。今日はまだ火曜日。いつまで会社を休ま

地すべりの前兆現象

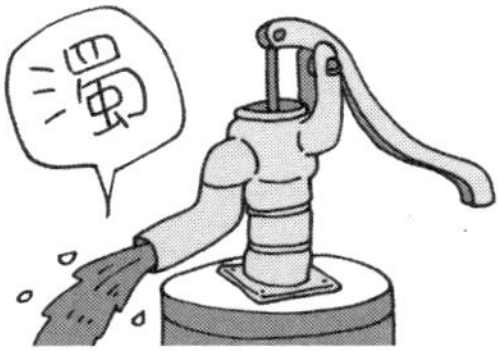

①沢や井戸の水がにごる。

②地割れができる。

③斜面から水が噴き出す。

崖崩れの前兆現象

①崖から小石がバラバラと落ちてくる。

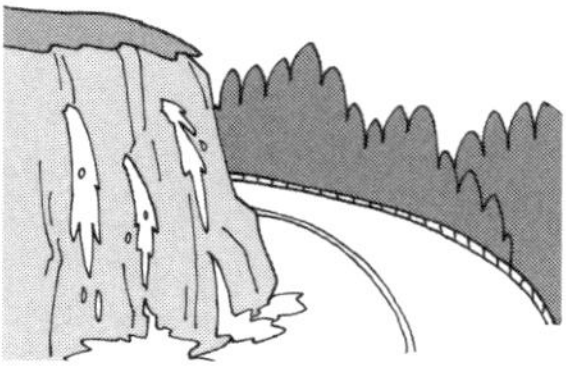

②崖から水が湧き出ている。

③崖に割れ目が見える。

出典：みんなで減災（内閣府）

土砂災害の前兆現象

正夫の自宅は土砂災害に襲われたが、土砂災害発生前には以下のような前兆現象が見られることがあり、そのような兆候がある場合は注意が必要である。

土石流の前兆現象

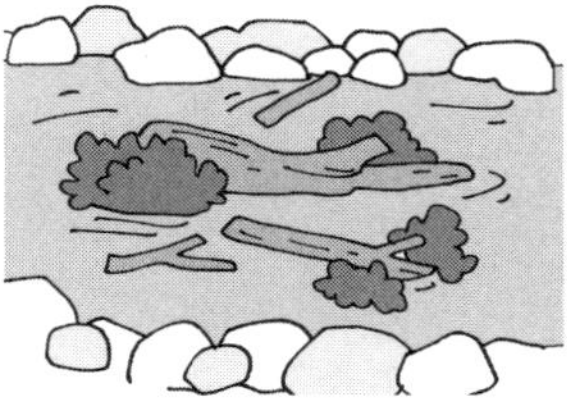

①川の流れがにごり、流木が交じり始める。

②雨は降り続いているのに川の水位が下がる。

③山鳴りがする。

なければならないか。命の危険がひとまず去ったことを受け、現実的な考えが頭をよぎった。

朝七時頃、ヘリコプターの音が聞こえたので、正夫は急いでベランダに出た。自衛隊の災害派遣隊である。正夫は大きく手を振って居場所を知らせた。パイロットと目が合った瞬間、目頭《めがしら》が熱くなった。

ヘリは正夫の頭上で止まり、救助員がホイスト（小型の巻き上げ装置）で一気に降下してきた。まずは母を引き上げてもらい、正夫もそれに続いた。

引き上げられる数秒の間、正夫は初めて眼下の光景を見て、愕然《がくぜん》とした。土石流は数十ヵ所で発生、地域全体を巻き込んで荒れ狂っていた。正夫の自宅は二階近くまで土砂が押し寄せており、南側は削られ、いつ倒壊してもおかしくない状態であった。

ヘリの行き先は予め決められていた避難所ではなく、隣町の小学校の体育館とのことだった。どうやら予定されていた避難所も浸水の危険があることから、より市街地中心部に避難するようである。

体育館に着くと、すでに避難してきた大勢の人々でごった返していた。マスコミの取材班も何社か来ており、避難者に対し、しきりとインタビューしている。正夫は他の避難者に断ってスペースを作ってもらい、マットを二枚敷いて、母をそこに寝かせ、近藤にメールをして、場所を伝えた。

お昼頃、同じく自衛隊のヘリで救助された近藤一家が避難所にやってきた。

近藤の家には土石流は来なかったものの一階が浸水してしまったこと、ヘリで向かう途中、自分の畑には土砂や流木が散乱しているのを見て夏の収穫が絶望的なこと、などを話していた。

これからどうするのか、特に妙案もないまま、顔見知りの数人が合流した。近藤は家から持ち出した名簿をもとに、ひっきりなしに電話をして、自治会会員の安否確認を行っている。何人かとは連絡が取れないらしい。正夫は避難所に設置してあるテレビが伝える被害の様相を見て、再び時間が過ぎていくのをぼんやりと待った。

その晩、一人で今後のことについて考えた。家についていえば、保険に入っているために問題ないであろう。母も地域の人々が面倒を見てくれる。一番気がかりなのは、仕事のことである。

テレビのニュースでも、いくつかの銀行の店舗が浸水し、開店できない状態となっているとあった。店頭では、通帳やキャッシュカードをなくした人々が現金を下ろしに来て、ごった返しているという。

担当しているX社のメイン工場も土石流に呑まれ、機械類が壊滅的な被害を受けたとのこと。ただ今回は災害救助法が適用され、「セーフティネット保証四号」の取り扱いが開始されるということである。

解説 「セーフティネット保証四号」とは、中小企業信用保険法第二条第五項第四号に基づき、突発的な災害などにより相当数の中小企業者や小規模事業者の事業活動に著しい支障が生じている地域を指定し、当該地域において、売上高などが減少している中小企業者や小規模事業者が、一般保証とは別枠の保証（借入額の一〇〇％を保証）を利用できる制度のことである。

いま自分は何をすべきか……幸い、避難所から勤務先の店舗までは近い。安否確認情報を更新し、明日から出勤することにした。

セーフティネット保証４号について

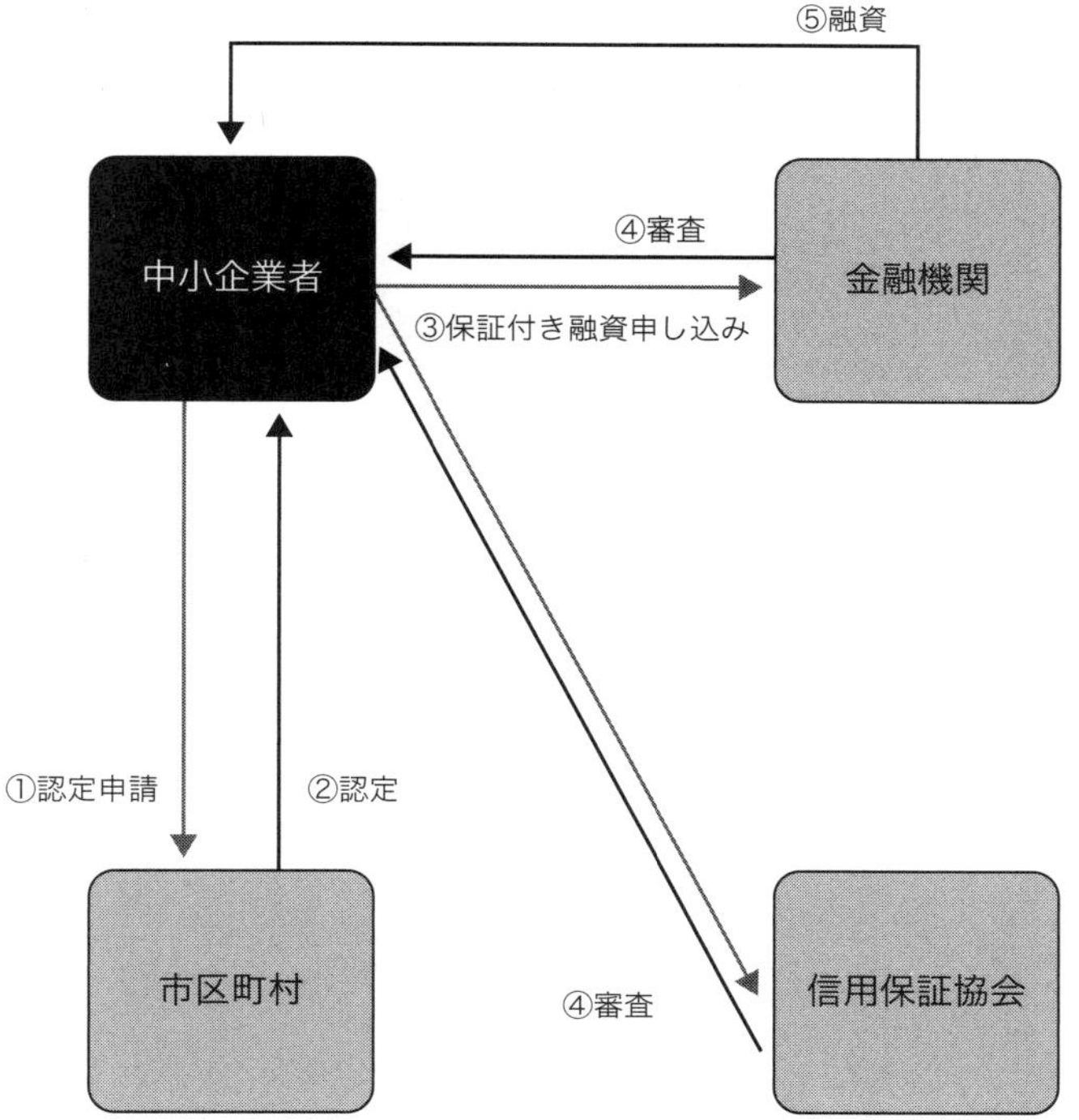
⑤融資
④審査
中小企業者
金融機関
③保証付き融資申し込み
①認定申請
②認定
市区町村
④審査
信用保証協会

出典：関東経済産業局ホームページ

！避難所の生活（二日目）

正夫は母の世話を近藤にお願いし、朝の六時に避難所を出て、自宅に向かった。無残にも土砂に埋まった自宅を改めて見ると、今後の先行きの不透明さに、気持ちがどんよりとする。ため息を一つついて気持ちを切り替えると、窓から入ってスーツと貴重品だけ持ち帰った。そして、避難所で配給の菓子パンを一つ食べて、勤務する支店に向かった。

雨もやみ、この辺りには土石流が届いていなかったが、被災地へ向かう消防や救急車、自衛隊、緊急通行車両の標識を掲げた車がひっきりなしに通っており、改めて災害の深刻さが想起された。

いつものように午前八時過ぎに銀行に出勤すると、すでにほとんどの行員は出勤し、開店準備を始めていた。昨晩泊まった行員もいるらしい。サービス課長は本部と電話で連絡を取り、現金がいつ運び込まれてくるかについて確認を取っている。

通常、資金効率化や防犯上の観点から、銀行各店舗には必要最低限度の現金しか置かないようにしており、毎営業日の残高に合わせ、警備会社などに現金の輸配送を依頼している。昨日の取り付け騒ぎにより、店舗に置いてある現金が減少し、また、道路渋滞により現金が届くのが遅れているようだ。電話を終えたサービス課長は、支店長と、本日の現金払い出し方針について打ち合わせをしている。

解説 大規模災害が発生した直後は、当座の生活資金の手当てや先行きに対する不安から、預金の引き出しが増加する傾向がある。そのため、日本銀行本店で保管している現金を、日本銀行の各支店を経由して、各銀行の支店や本店に運ぶ必要がある。

通常、現金は銀行から引き出す人も銀行に預ける人もいるので、日本銀行の各支店で保管している現金残高にそれほど大きな動きはない。しかし、東日本大震災の際は、発災から翌営業日の三月一四日（月）の現金の引き出しは、日本銀行仙台支店で、通常よりもプラス九〇〇億円程度、福島支店でプラス二〇〇億円程度であった。それだけの現金が、東京から運び込まれたということである。

また、阪神・淡路大震災以降、慣例的に、金融庁と日本銀行は、各銀行に対し、窓口業務における便宜的な取り扱いを要請している。具体的には、

①預金証書、通帳を紛失した場合でも、預金者であることを確認して払い出しに応ずること

②届出印の印鑑のない場合には拇印《ぼいん》にて応ずること
③汚れた紙幣の引き換えに応ずること
などである。


正夫は在籍する法人課に着席し、同僚と簡単な挨拶《あいさつ》をした。昨日は自分と家が完全に流された一人以外は全員、午前中には出勤し、取引先の被害状況の確認に走ったらしい。正夫の担当先についてはすでに課長が対応してくれていた。

決済システムは問題なく稼働しているが、新たな融資審査についてはセーフティネット保証融資以外は全面ストップ、格付けを臨時で見直すとのことだった。見直すといっても災害の影響度合いがわからないので、どうすればいいのか……みな、漫然と一日を過ごしたという。

災害が起きると決済業務や個人顧客に対する対応を非常時優先業務として扱う一方、法人への対応はどうしても後回しになる。取引先からの問い合わせが時折来るが、事前マニュアル以外、答えられることもないのが実情だ。とりあえず、すべてのアポイントをキャンセルして、同僚と雑談をしながら本部からの指示を待った。

それにしても……と正夫は思った。家族や家が被災した者もあろうに、日本のサラリーマンの会社に対する帰属意識の高さには驚くばかりである。首都直下地震のような、さらなる大規模災害が起きた際に、よくいわれている「むやみに移動しない」という原則は、果たして守られるのだろうか。

結局、その日は本部から何の指示も来ず、明るいうちに帰路につくことになった。

災害の発生から二日目の夕方、救助活動はまさに山場を迎えていた。「命を守る七二時間」という原則に対し、日が暮れる前のいまが実質的なタイムリミットである。

今回の災害から、不明者捜索に携帯のGPS発信機能とドローンの活用が試みられていた。停電地域の発生や基地局の被災により一部のエリアで通信の途絶が発生したものの、各通信キャリアは移動型の通信基地局を出し、すぐに通信を復旧させた。携帯が水没していなければ、ではあるが、被災地域内からGPS情報の発信を受けると、ドローンによる現状確認を行い、現地の情報をリアルタイムで合同調整所に転送、それを見て警察・消防・自衛隊が装備を協議して、救助に向かうという仕組みである。

これからは携帯機器がセンサーとしての役割を果たし、効率的な災害救助を行うことも可能なのだ。

解説 災害時には電話がつながりにくくなる。そして実は、東日本大震災の際に電話が通じにくかったと答えた人は、発災直後よりも、発災から一日経ったあとのほうが多かったのである。これは、まったく違う二つの原因によって電話が使えなくなっているからである。それは、物理的な原因と、人為的な制限によるものである。

一般に、発災直後は安否確認などで電話通信量が急激に増加するため、その段階では電話会社が通話制限をかけることにより、電話がかかりにくくなる。いわゆる輻輳《ふくそう》といわれるものである。これは半日～一日程度で復旧するといわれている。これが人為的な制限だ。

他方、物理的な原因は、携帯通信キャリアが持つ基地局が何らかの影響により使えないことによって発生する。典型的に思いつくものは津波などによる破損であるが、これに対しては、各通信キャリアは移動基地局を出して、すぐに復旧作業に当たる。

そして、あまり知られていないのが停電による電源の喪失である。通常、各基地局には非常用バッテリーを配備しているので、停電になってもすぐに機能は止まらない。ただ、それほど長くはもたないので、一日程度で燃料が切れ、電話が使えなくなってしまうということになる。

避難所も一日が過ぎると、学校が休校となった高校生などがボランティアとして駆けつけてくれて、それぞれの役割分担ができていた。

一人一人に与えられた布団は相変わらずマットと毛布一枚ではあったが、スーパーから持ってきた段ボールで仕切りができて、わずかながらプライベート空間が確保されていた。食料は市が協定を結んでいた地元スーパーからの支援により、五〇〇ミリリットルのお茶とおにぎり、あるいは缶詰などが配給された。

解説　家屋が被災した場合、行政の準備しているメニューでは、公園などの指定緊急避難場所に避難したあと、学校の体育館や公民館などの指定避難所に移り、その後、応急仮設住宅や災害公営住宅に移ることになる。もちろん、自ら一般の賃貸住宅に移ったり、親戚宅に身を寄せる人もいる。

阪神・淡路大震災では約三一万人、東日本大震災では約四七万人が避難所生活を余儀なくされた。また、避難所閉鎖までに、阪神・淡路大震災では六ヵ月、東日本大震災では岩手県で七ヵ月、宮城県では九ヵ月の期間を要した。このため、避難所における生活の質の向上は非常に重要なテーマになっている。

もちろん、その責任は一義的には市区町村にあり、外部からのボランティアも支援に訪れてくれる。ただ、ボランティアは土日に集中するし、人数の限られた市区町村の職員では対応も限定的になる。市区町村と被災者が互いに協力し合うことで、避難所の質の向上が図られるのだ。

近藤を中心に自治会の安否確認は終わっており、四人が死亡、二人が行方不明と確認されていた。日中、動ける者で行方不明者の捜索に向かったが、地面が深くぬかるみ、流木も散乱していて、とてもではないが捜索できる状況ではなく、断念したという。

避難所では今後の復旧に関する話し合いがなされていた。正夫の住むエリアは五日目の金曜日には水がはける見込みではあるものの、主要道路の土砂は依然として残るため、自宅の掃除や貴重品の回収ができるのには、まだまだ時間がかかるとのことであった。近藤たちはまず、今後一ヵ月の過ごし方について議論を行った。

正夫の自治会も地方郊外地域の御多分に漏れず、高齢化が著しく進んでいる。六〇歳以上の高齢者のみの世帯が六割以上を占め、なかには正夫の母のように在宅介護を受けている者も複数名いた。また、いわゆる「独居老人」といわれる家庭もある。

だからこそ、自治会の長老たちは若者を積極的に巻き込む必要性を感じており、花見やバーベキュー大会の交流イベントなどで、世代を問わず関係を築いてきた文化があった。

そのため、誰とはなしに、自治会を中心として、生活再建のための話し合いを速やかに開始することができたのである。みな特にすることもなく、話し合う時間は十分にあった。

一番は、いつまで避難所にいるか、である。駆けつけた災害ボランティアの仕切りにより、とりあえずのプライバシー確保はできた。幸い被害の範囲も狭いため、今後も各地からの救援物資が届き、ものには困らないだろう。

ただし、慣れない避難所生活ではストレスも溜まるし、次第に衛生面から体調を崩す者が増えると聞く。特に、高齢者の多い正夫の自治会内では感染症なども懸念されるため、アンケートを行い、「福祉避難所」への移転が必要な者、避難所を出て賃貸住宅などに引っ越しをしたい者をリスト化して、避難所運営担当者に要請、斡旋《あっせん》の依頼を行った。

解説「福祉避難所」は被災者のうち、特に高齢者、障害者、妊産婦、乳幼児、病弱児などのためのものである。こうした方々は一般的な避難所では生活に支障をきたすため、「福祉避難所」に入ることが求められる。「福祉避難所」は一般の避難所内に設置する場合や、社会福祉施設や公的宿泊施設、あるいは旅館やホテルなどが指定されることもある。

また、今後必要になるものをリスト化してまとめ、併せて提出した。今回の災害は全国で大々的に報道されている。そのため、善意の支援物資が大量に届くと予想されるが、域内生活物資はある程度確保できており、全国的な物流網も維持されていることから、「プッシュ型支援」は原則的に受け付けず、避難所ごとに必要品をタブレット端末で要請するという態勢を取っているらしい。

解説 二〇一六年（平成二八年）の熊本地震では、プッシュ型支援が実施された。また、避難所ごとにタブレット端末が配布され、物資のニーズ把握などに活用された。

今後のことについても話し合った。

ここでもやはり懸案は住まいのことであった。正夫の自治会には六〇戸ほどの世帯が加入しているが、うち、壊滅的な被害を受けていない世帯は三戸ほどに過ぎない。多くが建て替えや大規模改修が必要となるが、いかんせん年金暮らしの高齢者も多く、果たして融資を受けられるかどうか、いわんや、返済できるかどうか、わからない。

また、行政からは被災者生活再建支援法によって資金援助は受けられるが、その額は限られている。まずは一人一人に当てはめ、いくらのお金がもらえるか、計算することにした。

次に課題となってくるのは生業だった。ここは古くから農業で栄えてきた地域だが、ほぼすべての田畑は土石流に呑み込まれ、今期の収穫は絶望的だった。農業機械も一緒に土石流に呑み込まれている。農作物や農業機械に対する損害は共済などで補償されるため、金銭的な負担はそれほどかからないかもしれないが、「もう、いまさら続けても」という声も何人かから漏れ聞こえた。

災害により、少なくとも短期的には、経済活動が著しく停滞することは間違いない。そのような際に、どうすれば被災者が早く同じ地域で仕事を再開することができるか、非常に頭を悩ませる問題である。

解説 被災により地域企業の経済活動が停滞した際に、ボランティアなどが地域の雇用を創出する「CFW（Cash For Work）」という考え方があり、東日本大震災の際にも話題になった。

CFWは災害からの復旧・復興に関する活動によって仕事を創出し、被災者の生業を支援する手法である。海外では国際機関などが実施しているケースもあり、もともとの資金が寄付によるものや、公的資金によるものなど、その態様は様々である。

CFWの役割は単なる雇用創出だけでなく、個人のエンパワーメントができること、地域経済を刺激すること、地域コミュニティの財産の復旧に資すること、復興へ向けて被災者の参加と統合を促すことができることなどが挙げられる。

！ 災害下の銀行ガイドライン（三日目）

三日目、正夫は再び歩いて支店に出勤した。鉄道も概《おおむ》ね復旧しており電車通勤でもよかったが、街の様子を肌で感じたいという現場一筋で生きてきた性《さが》が、正夫をそうさせた。正夫の勤務する支店は避難所から国道で五キロほど南下したところにある。国道の一車線は被災地外からかけつけた消防の緊急車両が、ところせましと駐車してある。

昨晩のニュースでは、死者五八名、行方不明者三〇名との報道があった。まだ行方が確認されていない三〇名について、必死の捜索が続けられている。いつもは家族用のワンボックスカーが停車しているおもちゃ店の駐車場には、災害派遣された自衛隊の車輛が多数とまっている。

昨日から重機も入り本格的な土砂の取り除き作業が進んでいるが、被害の最も激しかったところまでは徒歩でしか入れず、自衛隊、消防、警察の制服を着た多くの人たちが歩いて向かっている。まだ二次災害の危険もあり、山のほうを呆然《ぼうぜん》と見つめる人々もいた。

正夫は予定どおり、午前八時一五分頃、支店に到着した。開店までの間、支店全体の緊急会議ということで、急遽《きゅうきょ》集められる。どうやら本部から格付け見直しに関するガイドラインが出たようだ。

ガイドラインの概要は以下のとおりである。

①今回の土砂災害における被害は特別損失として扱い、原則格付けには影響しない。
②ただし、損害額が甚大で、今後の営業継続に支障をきたすことがほぼ確実な場合や、債務超過となる恐れのある場合には、要注意先に認定する。

正夫は、概ね予想どおりだな、と、ある意味落胆も感じながら、取引先三〇社を訪問するため、アポイントの電話をかけ始めた。

！復旧作業（六日目）

発災から約一週間が経ち、避難所の様子も大きく変わってきた。

避難者のなかには、安全が確認されたために自宅に戻る者や、身内の家に身を寄せる者も多く、避難所は当初よりは閑散としてきた。近藤をはじめとする避難者どうしで避難所内における役割分担が決められ、全国から送られてきた生活用品もよく整理整頓されていた。特に近藤の妻は面倒見がよく、女性ならではの心のケアをやってくれた。

四日目からは、公営温浴施設の送迎バスが各避難所を巡回するようになり、避難者にとって毎日の楽しみの一つとなった。子どもたちも最初は不満をいっていたが、放課後に地元の中高校生が来て遊び相手になってくれて、いまの生活を楽しんでいる様子である。

土曜日の朝、正夫は福祉避難所に移ることになった母を送って行った。市との協定に基づき福祉避難所として設置されることとなった有料老人ホームである。

母に別れを告げ外に出ると、青く広い空が広がっていた。

ここ数日は銀行の災害対応に追われ、息つく暇もなかった。三日間のうちに取引先三〇社に電話をかけ、被害が大きいと思われる一〇社を回った。いつもは豪快さが売りの酒屋の社長も、土砂がなだれ込んだ店舗を正夫に見せて、これを機に廃業しようかと思う、と弱音を吐いていた。

一番懸念していたX社を訪れると、社員総出で工場の復旧に取り組んでいた。X社では、土砂崩れがあったあの日、当直だった社員が、土砂崩れの発生を受けてすぐに社長に電話した。そして、社長からの指示で集まれる者は朝六時に本社に集合、BCP（事業継続計画）に基づき、次のように非常時優先業務を執行することとなったという。

集まった約半数の社員を四班に分けて業務に当たった。

一つは労働調整班であり、一時的に集まった安否確認情報に加え、各社員の情報を具体的に収集し、都合一週間、三交代制による復旧勤務体制を一日で構築した。

二つ目は情報収集班であり、被害の状況や行政の情報などを収集し、復旧目標時期を設定した。

三つ目は製造班であり、情報収集班からの情報を元に、予め協定を締結していた同業者への製造委託可否や生産可能量などの把握を行った。

最後の四つ目は渉外班であり、販売先や銀行などの関係者への情報を迅速に伝える役目である。製造再開までに長期間を要するなど、販売先に多大な迷惑をかけることになったが、平時から製品を複数の拠点で生産する体制の状況などを伝えていたことや、発災後も積極的に情報を出していったことで大きなトラブルにはならず、「復旧の目途《めど》がたったらそちらに戻しますので教えてください」などと労《ねぎら》いの言葉をもらったという。

それらすべてが終わったのが発災から三日目までであり、いまは復旧に向けて全力で取り組んでいるという。

「工場の被災だけでなく、復旧までに収入が減少するのは気になりますね。ま、これでやっと二年前から、高橋さんに熱心に勧められて続けていた天候デリバティブが役に立つかな。それに、うちの社員はこのとおりよく働いてくれますから、大丈夫ですよ。紹介してもらったコンサルさんにお願いして、ＢＣＰを一緒に策定したのが効きましたね」

と、感謝の言葉をいただいた。

結局、被害を受けた一〇社のうち、三社を要注意先に認定。それ以外の七社については正常先に留め置くことになった。三社についてはセーフティネット保証融資を中心に、よりきめ細かなフォローをしていくことになる。

ボランティア（七日目）

この日は朝一番で母を見舞ったあと、災害ボランティア活動を行うことにした。これまで仕事にかまけ母の面倒は近藤に任せきりだったし、避難所運営のこともほとんどやってこなかったことに後ろめたさがあったからだ。

避難所ごとに市のボランティアセンターが設置されており、正夫の暮らしている避難所も同様であった。昨日は発災後はじめての休日であり、全国から三〇〇〇人のボランティアが集まったという。ボランティアセンターで対応しきれなくなったため、一部の人たちは受け入れずに返したということだった。

正夫は、ボランティア保険の加入手続きを行って、市の車で案内された家で、浸水した家財の運び出し作業や泥出し作業を行った。

こうして正夫は六人のチームの一員になって、一人暮らしの高齢者の自宅の家財を運び出した。正夫の他は東京から駆け付けた三〇代の夫婦、二〇代の女子大生、県内の被害のなかった地域に住む六〇代の男性二名である。

正夫らは途中休憩をはさみながら、六時間かけて納屋《なや》の荷物を運び出し、床を掃除した。この辺りに土石流はあまり流れてこなかったが、跳ね上がった流木が窓ガラスを割り、家財が浸水してしまったようである。

水を吸った畳は重く、男二人でやっと持ち運べるほどだ。一週間前に降った雨の影響で足場も悪く、途中転びそうになった。元からなのか、床も一部腐っており、危険もともなう。なるほど、ボランティア保険の加入が実質的に義務付けられているのがよくわかった。

運び出したゴミはとりあえず庭に出したが、住民に確認しても回収時期は未定のようだ。当初は個人的にトラックに積んで直接、一時保管所に持ち込むなどということも行われていたようだが、いまはそのキャパシティもオーバーしており、防災行政無線からは粗大ゴミ持ち込みに関する自粛《じしゅく》要請が流れている。

ここの住民は何も予定していないとのことだが、納屋も取り壊すしかないだろう。役にたったのかどうかあまり釈然としないまま、市の迎えの車で避難所に戻った。

解説　土砂災害に限らず、地震・津波が発生したあとには、多大な災害廃棄物（一般廃棄物）が発生する。災害廃棄物には人の健康や生活環境を害する恐れのある有害物質が含まれている場合があることから、火災や感染症の発生といった二次災害を防ぐために、迅速な処理が要求される。

！再建（一ヵ月後）

土砂災害から一ヵ月が経ち、街から泥が消えた。すべてのライフラインも復旧し、避難所も閉鎖した。正夫は最近駅前にできたサービス付き高齢者向け住宅に移り住み、母のトキと、これからそこで暮らすことになる。

正夫の自宅の泥をどけると、流れてきた巨石によって一階の躯体《くたい》はひしゃげており、「全壊」と診断された。被災者生活再建支援金が支給されるほか、火災保険に任意付保していた土砂災害を含む水災の特約のおかげで、住宅ローンは完済できる見込みである。当面の生活に困ることはなさそうだ。

教訓 耐震性が十分な建物でも、非常に大きな地震の発生や、隣接する建物の倒壊に巻き込まれるなど、被害を受ける可能性はゼロではない。

地震のケースにも出てきたが、万が一、被災した場合の住宅再建・補修や生活再建には資金が必要となる。火災保険に加入していても、特約を付けなければ地震による火災は対象にならない。

また、住んでいる地域によっては水害により家財が被害を受けた際の備えも必要となるだろう。

自分の加入している保険の条件を確認するとともに、経済的に必要な備えについても日頃から家族で話し合うことが重要である。

妻の遺品など、いくつか大事なものは結局は見つからずじまいであったが、まずは母と二人助かり、今後の生活不安が少ないことが何よりである。

今日は自宅解体の立ち合いに来ている。パワーショベルが屋根から自宅を取り壊していく乾いた音を聞きながら、今回の災害を振り返っていた。

これほどまでの土砂災害の様相は想像できなかったが、土砂災害特別警戒区域にも指定されており、土砂災害が発生しうることは誰もが想定していた。いわば想定どおりのことが起こったのである。だからこそ備えることができた人がいる。

たとえば一〇〇〇年に一度という災害が起こったときに、こんなことが起こるなんて想定していなかった、という人がいる。だが、それは厳密には誤りだ。正確には、起こる可能性はあるなとは思っていたけれど、そのリスクと向き合い、備えることをきちんとしてこなかった、というだけのことである。

「晴れの日に傘《かさ》を差し出し、雨の日に傘を取り上げる」と揶揄《やゆ》される銀行に入って四三年。「確かに雨の日に傘を差し出すことはできないが、もうすぐ雨が降りそうだと警鐘を鳴らせる」銀行員になろうと思って働いてきた。自分は適切な警鐘を鳴らし続けることができたのか……大きな宿題を残し、正夫は明日、六五歳の定年を迎える。

コラム3　地名の「読み」と過去の災害

「牛」の読みの「ウシ」は「憂し」という古代語の意味を持ち、不安定な土地を表すもので、過去の地すべり崩壊地や洪水の氾濫地、津波の常襲地域に名づけられている場合がある。

「猿」の読みの「サル」は「ズレル」の意味を持ち、崖状の地すべり地、すべった土地の溜まり場の意味を持っている。「鷹」は「滝」の意味を持ち、急傾斜地や崩壊危険区域を示す。

また「梅」の読みの「ウメ」は「埋める」の意味を持っていて、埋立地であったこと、土砂崩れの土で埋まったところを示している。

「栗」の「クリ」は刳《く》る（えぐる、穴を開ける）の意味を持ち、同様に「クル」「クレ」「クロ」の読みを持つ「久留」「来」「呉」「暮」「黒」などの地名は土地の浸食や崩壊地を示している。

「柿」の読みの「カキ」は「欠ける」という意味で崩壊地や崖の意味を持ってい

る。

一方、「カミ」「カメ」「カマ」「カモ」などの読みを持つ「上」「紙」「神」「亀」「釜」「鎌」「鴨」「加茂」などは古語の「噛む」、すなわち「削れて土地がなくなる」の意味を持ち、浸食・崩壊地域、洪水や津波などの自然災害が起きた場所を示している場合がある。

いずれもそれぞれの土地で、いくつもの説が唱えられている場合があるので、必ず、その土地の過去の災害事例と併せて調べてみることが必要である。

（出典：政府広報オンライン「地域の防災情報二〇一五年版」）

洪水

首都圏で家族と大規模水害に遭遇した桑田裕之（三八歳）の場合

！史上最大級の台風接近中（決壊三日前・午前）

九月のこの日、観測史上最大級の台風接近に伴う雨が降りしきるなか、内閣府では関係省庁警戒会議が開催されていた。

前日からの報道やニュースでは、「伊勢湾台風級」などといった言葉が飛び交い、国民に対して警戒を呼び掛けている。地球温暖化に伴う気候変動により、激甚な自然災害の発生間隔は明らかに短くなっている。気象庁の予測では、仮に現在の台風がこのままの勢力を保って首都圏を直撃すると、大きな被害が発生する可能性があるという。

警戒会議では気象予測と広域避難の具体的な進め方の情報共有が行われた。万が一を考え、避難者を同一都県内の避難所に避難させることもできるが、その後のライフラインの断絶に伴う様々な影響を勘案すれば、遠方へと避難させる広域避難の検討も必要だ。

解説　政府の中央防災会議の「大規模水害対策に関する専門調査会報告　二〇一〇年四月」は、利根川と荒川の堤防決壊に伴う被害想定をまとめている（一七〇～一七一ページ参照）。また、利根川、江戸川《えどがわ》、荒川の決壊の影響を受ける地域で「居住空間が水没」「浸水継続三日以上」という条件を付与すると、要避難者数は約四二一万人に達すると想定している。

中央防災会議首都直下地震対策検討ワーキンググループの「首都直下地震の被害想定と対策について（最終報告）二〇一三年一二月」によると、首都直下地震による帰宅困難者は東京都で約三八〇万～四九〇万人としており、地震ばかりが注目されてい

利根川での被害想定

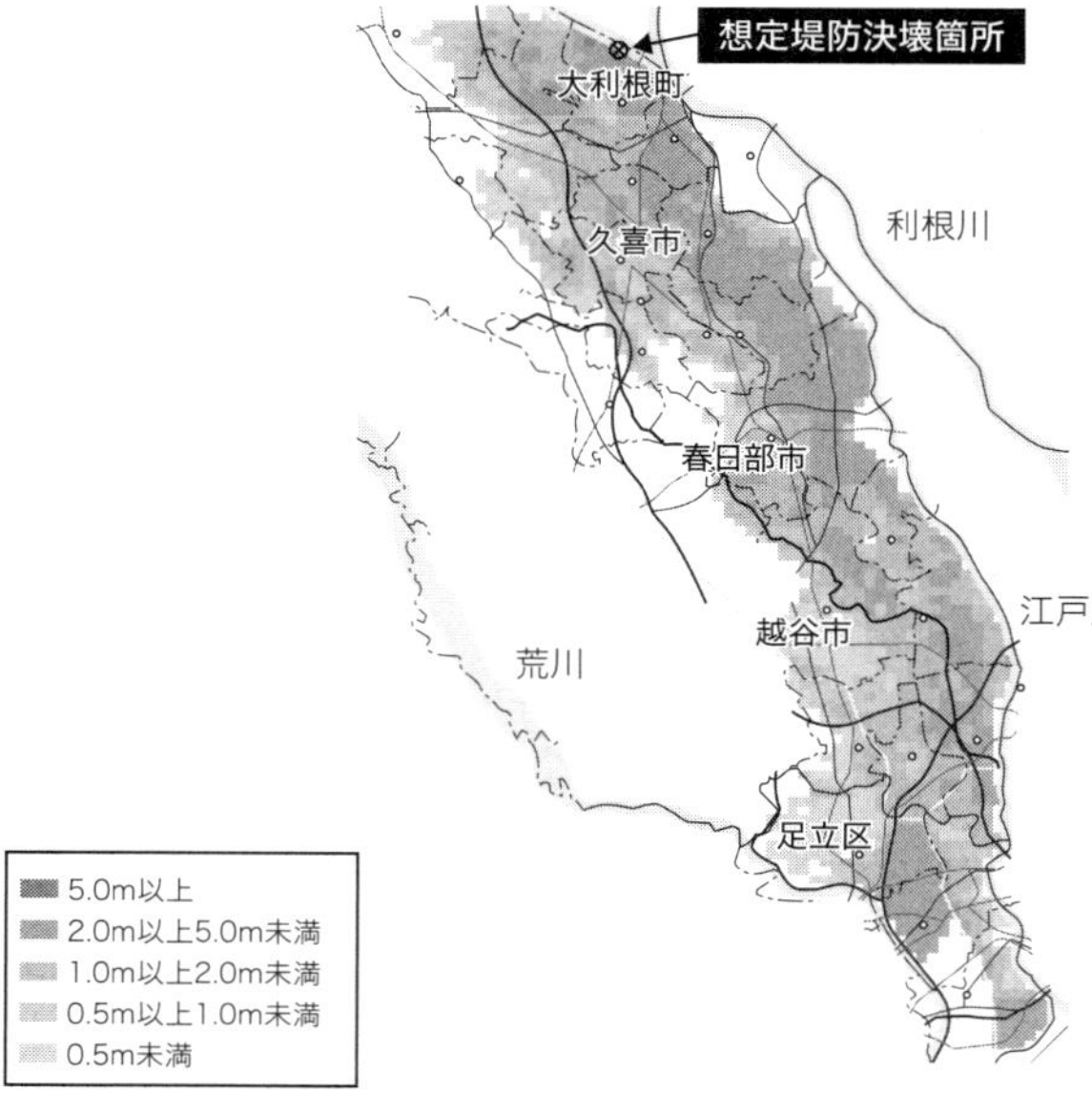
想定堤防決壊箇所
大利根町
利根川
久喜市
春日部市
江戸川
越谷市
荒川
足立区
5.0m以上
2.0m以上5.0m未満
1.0m以上2.0m未満
0.5m以上1.0m未満
0.5m未満

①浸水面積		約530km²
②浸水区域内人口		約230万人
③浸水世帯数		約86万世帯
④死者数		約1500人　（避難率40%の場合）
⑤孤立者数		最大約67万人　（1日後、避難率40%の場合）
⑥ライフラインの被害	電力	約59万軒
	ガス	約26.6万件
	上水道	約14万人（給水制限）
	下水道	約180万人（汚水処理）
	通信	約61万加入（固定電話）
		約40万在圏（携帯電話）

出典：内閣府

荒川での被害想定

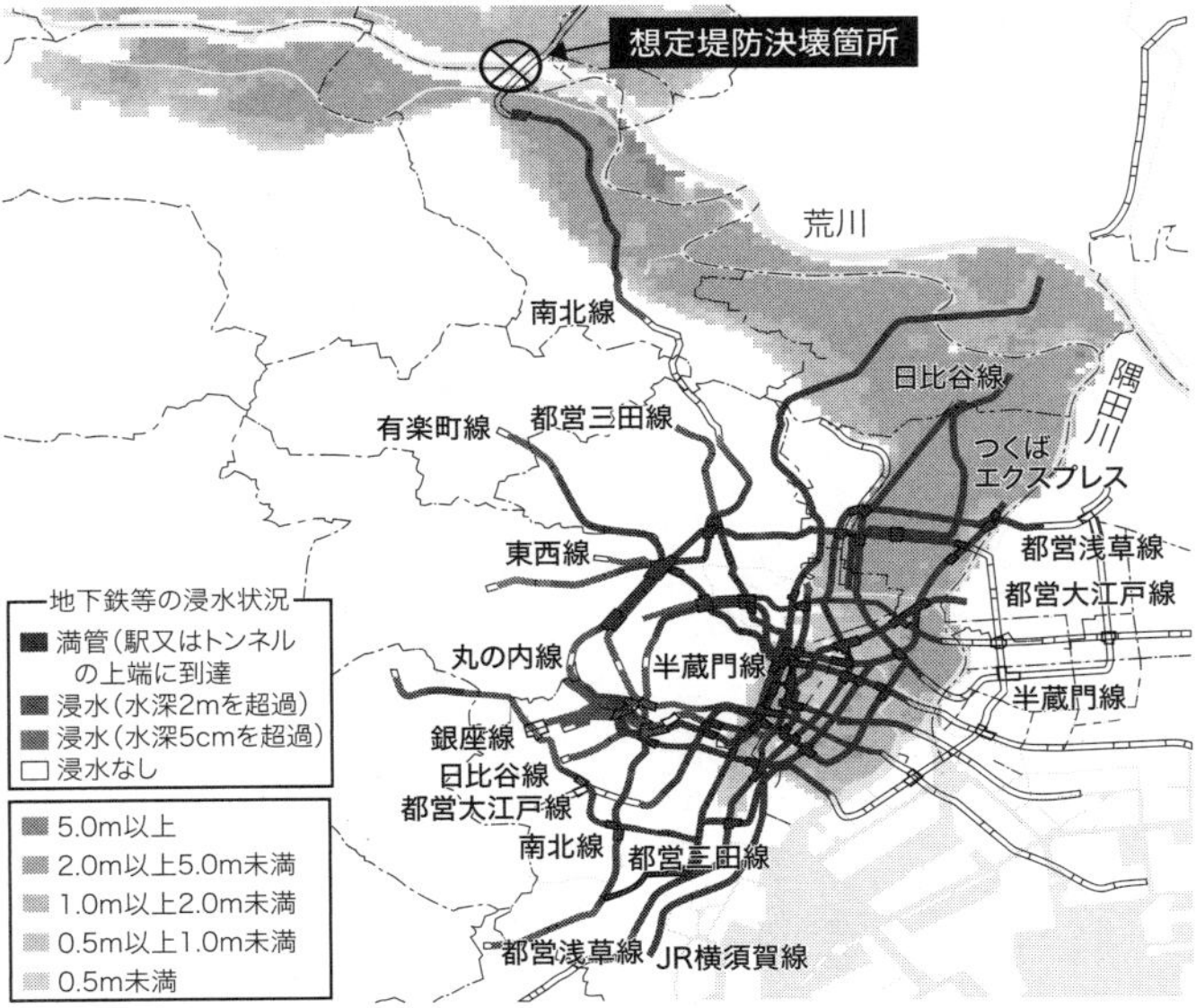
想定堤防決壊箇所
荒川
隅田川
南北線
日比谷線
有楽町線
都営三田線
つくば
エクスプレス
東西線
都営浅草線
都営大江戸線
地下鉄等の浸水状況
満管（駅又はトンネルの上端に到達
浸水（水深2mを超過）
浸水（水深5cmを超過）
浸水なし
丸の内線
半蔵門線
半蔵門線
銀座線
日比谷線
都営大江戸線
南北線
都営三田線
都営浅草線
JR横須賀線
5.0m以上
2.0m以上5.0m未満
1.0m以上2.0m未満
0.5m以上1.0m未満
0.5m未満

①浸水面積		約110km^2
②浸水区域内人口		約120万人
③浸水世帯数		約51万世帯
④死者数		約1200人　（避難率40%の場合）
⑤孤立者数		最大約51万人　（1日後、避難率40%の場合）
⑥ 地下鉄等の浸水被害		17路線、97駅、約147km
⑦ライフラインの被害	電力	約121万軒
	ガス	約31.1万件
	上水道	約164万人（給水制限）
	下水道	約175万人（汚水処理）
	通信	約52万加入（固定電話）
		約93万在圏（携帯電話）

出典：内閣府

る昨今であるが、実は首都圏大規模水害による避難者数は首都直下地震の帰宅困難者数に匹敵するのである。

解説 地震などの災害が起こった場合、普通は指定された自宅の最寄りの避難所に避難するが、大規模水害では浸水が広範囲にわたるため、行政区域を越えて避難（他の区や町などへの避難）をする必要性が出てくる。

しかし、災害時の避難計画の作成などは行政区単位（区なら区、市なら市の単位）で行われており、いざ水害が発生したときにほかの地区に逃げようとしても、どこの経路を通ればよいか、どのような手段で移動すればよいか、どこの避難所に行けばよいかなどがわからない。このような事態に陥らないよう、たとえば国土交通省関東地方整備局荒川下流河川事務所では「荒川下流タイムライン（試行案）」などを作成し、広域避難について検討を進めている。また、国土交通省関東地方整備局下館《しもだて》河川事務所では二〇一五（平成二七）年九月の関東・東北豪雨を受け、「鬼怒川《きぬがわ》緊急対策プロジェクト」として、広域避難に関する検討を進めている。

最近の気象予報は観測網の整備などにより大きな進歩を遂げてきたが、七二時間予測となると、前提が少しずれるだけで、まったく違った結果になることもある。今回の台風は弱まるかもしれないし、逸《そ》れて首都圏には直撃しないかもしれない。

風水害をはじめとするこれまでの災害の教訓を踏まえ、防災の格言《かくげん》のなかに、「空振りを恐れずに早めに行動せよ」という言葉がある。これは、地方公共団体などの行政による避難勧告の発令はもとより、企業一社一社、個人一人一人にも当てはまる言葉である。

❗ 食料の備蓄（決壊三日前・午後）

東京に住む桑田浩之《くわたひろゆき》（三八歳）の妻・明日香《あすか》（三三歳）は、娘の夏希《なつき》（一歳）を寝かしつけたあと、これからの天気予報を確かめるため、テレビのニュース番組をつけた。いまは出産を機に退職している明日香だが、もともと損害保険会社に事務員として働いていたため、災害についての感度は人より高いほうだった。二年前、B県に住む父の正夫が土砂災害に襲われたことから、そのニュースにはさらに敏感になっていた（土砂災害のケースを参照）。

ニュースでは買い出しに来た客でごった返しているスーパーの映像が流れていた。店長は、「保存性の高い食品を中心にいつもの二倍以上の売り上げとなり、閉店一時間前には陳列棚からほとんど商品がなくなった」と話していた。

明日香の家では、「最低三日分、推奨七日間程度」という国の指針のもと、以前から、三日分の食料の備蓄のほか、手巻き充電式ライト・充電器、簡易トイレ、ベビーフードなどは揃えていた。

しかし、三日分の水を三人分となると約三〇リットルである。はじめはそんな大量の水をどこに置いておけばいいのかと思ったが、二リットルのペットボトル六本入りの段ボールが三つと意外にコンパクトでもあり、使わなくなったゴルフバッグを捨ててできたスペースにちょうど収まった。そしていままでは使用するたびにネットスーパーで補充し、常に三箱以上の飲料水を確保している。

非常食用の缶詰は、最近ではスーパーの防災食品コーナーなどに陳列されているものを夫の裕之が選んで買い込んでおり、魚の煮つけのようなものばかりではあったが、平時は酒の肴《さかな》としていた。

慎重な明日香としては、いままさに迫ってくる災害に備えて七日分の備蓄増強を図りたいところであったが、幼い娘を残して一人で買い物に行くわけにもいかず、いつもどおり裕之の帰りを待った。

解説　明日香の一家が行っている、日常的に備蓄食を食べつつ、不足したら買い足すという方法は「ローリングストック法」という。これにより「気が付いたら消費期限が過ぎていてすべて廃棄した」といった失敗を防ぐことができるとともに、普段から備蓄食を使った料理のバリエーションも増やすことができ、災害時にも役立つのである。

！妻子だけを先行避難（決壊三日前・深夜）

その晩、裕之は昨夜から降り続いている雨のなか、日付が変わる頃に仕事を終えて足早に帰ってきた。

裕之は大学卒業後法科大学院に進学、一年間の浪人生活の後に司法試験に合格し、修習を受けて弁護士資格を取得した。しかし、司法制度改革により法曹人口が増加するなか、目ぼしい有力事務所への道は険しく、大手損害保険会社に就職し法務部で働いていた。

ただ、商品の多様性や奥深さと、社会に「安心と安全」をもたらすという存在意義に大きな魅力を感じてはいたが、弁護士事務所での勤務への思いは断ち切れなかった。そして、前年四月に弁護士事務所で代表をしている友人から誘われたことを機に転職。会社勤め時代よりも勤務時間は長く生活も不規則になった割に収入は増えていないが、初志貫徹、充実した日々を過ごしていた。

明日香は帰宅した裕之をすぐにつかまえると、今回の台風は普通ではない、早めに避難しよう、と相談した。裕之も当然のごとく最大級の台風襲来を警戒し、早めの避難には賛成だった。ただ、災害発生時には、被災者から不動産関係や災害関係法令に関する相談などが増えるとともに、その相談相手になることが被災者の心のケアにつながることもよくわかっていた。

弁護士としての力を発揮するのはまさにこのときと考え、心配する明日香を説得、翌日、明日香と夏希だけを早めに避難させることにした。

❗避難準備情報の発令（決壊二日前・午前）

台風はさらに日本列島に接近し、未明にも南西諸島が暴風域に入り、二日後には首都圏を直撃する可能性が高まっていた。

首都圏を含む関東の広い範囲で前日から降り続いている雨が、一層強さを増し始めた。荒川の上流では、継続して降り続く雨の影響で、著しい水位上昇が見られていた。

一方、区役所は広域避難の実施について住民への呼び掛けを始め、受け入れを行ってくれる市との調整に追われていた。そして広域避難の際に大混乱が発生することを未然に防ぐため、都内への不要な来訪や外出を極力控えるよう、近郊の住民に呼びかけた。

今回、台風が接近しているのは日本の中枢であり、世界経済に大きな影響力を持つ東京である。「空振りを恐れずに早めに行動せよ」――これほど重たい言葉はない。

避難準備情報、避難勧告、避難指示……これらを発令するのは市区町村長だ。また、住民一人一人が発令前に自主的に判断し、避難を行うことが必要であることは、これまでの災害が起こるたびにテレビの解説員も盛んに啓発してきた。

午後になって首都圏全域に避難準備情報が発令された。明日香が避難準備情報の発令を知ったのは、父の住むB県に向かう電車のなかだった。区が広域避難の呼びかけを行っていたせいか、日中の郊外へ向かう電車にもかかわらず、思った以上に混んでいる。

ただ、実際に首都圏大規模水害が発生した場合の浸水想定区域内の人口は一〇〇万人以上に及ぶ可能性がある。その人数が一斉に首都圏外へ移動するとなったら、この程度の混雑では済まないだろう。特にたくさんの荷物を抱え、小さな子どもの手を引いてとなると、危険も伴う。明日香はそれがわかっていたので、皆が一斉に動きだす前に早めに移動を始めたのだ。

！被災直前のオフィスで（決壊二日前・午後）

一方の裕之は、激しく窓に打ちつける雨を眺めながら、溜まっていた雑務の処理にあたっていた。急いでやる必要もなく、何となくものぐさで先延ばしにしていたが、万が一首都圏大規模水害が発生したら、それどころではない。とにかく「身ぎれい」にしておく必要があった。

その隣では、事務員が顧客情報や重要契約関係書類の電子化をひたすら行っていた。裕之のオフィスは北区の隅田川《すみだがわ》のそばの小さなビルの二階に立地しているが、首都圏大規模水害では五メートルを超える浸水が起こる可能性がある地域であり、他人事では済まされない。

事務員は書類のすべてを暗号化したうえで、クラウド上に保存した。そして夕刻には事務所の雨戸を閉めて解散し、明日から都合二日間は事務所を閉め、各自、自宅で仕事をすることとなった。

ちょうどそのとき、明日香から無事に義父宅に到着した旨、連絡が入った。

！避難勧告の発令（決壊一日前）

午前中、裕之がテレビをつけると、スタジオでは気象予報士が今回の台風巨大化の原因を説明し、専門家が地球温暖化に伴う気候変動によって、強い台風の発生頻度が増加すること、最悪の場合は利根川や荒川が決壊し、首都圏が浸水する可能性があること、などを伝えていた。そして、利根川や荒川が決壊したらどうなるか、国土交通省作成の荒川氾濫シミュレーション映像や、一九四七（昭和二二）年にカスリーン台風が襲来し、利根川が決壊したときの映像が流された。

解説　国土交通省関東地方整備局荒川下流河川事務所では、荒川が氾濫したときのフィクションドキュメンタリー動画「荒川氾濫」（http://www.ktr.mlit.go.jp/arage/arage00061.html）を公開している。荒川氾濫時のイメージが湧きやすく、とても理解しやすい。ぜひご覧いただきたい。

午後になると、台風は首都圏に接近し、マンションから見える木々の揺れ方からも風が強くなってきているのがわかる。雨もどしゃ降りの状態である。台風の直撃は免れないようだ。

公共施設、銀行、スーパーなど、各所が明日、臨時休業することを放送している。区のホームページでは広域避難を含め、早めの避難がなされるよう呼びかけられていた。また、地下鉄は運行停止に向けた準備が進められ、駅構内や地下街の利用者に対し、避難場所の広報などが進められた。だが、今回の台風もこれまでと何ら変わりがないと考える住民が多く、避難は思うように進んでいなかった。

教訓 「指定緊急避難場所」と「指定避難所」は名前が似ているが、次のように異なる。ただし、地方公共団体によっては「指定緊急避難場所」と「指定避難所」を同じ場所として指定しているところもある。

●指定緊急避難場所：切迫した災害の危険から命を守るために避難する場所。市区町村により、災害種別に応じた指定がなされる。

●指定避難所：災害により住宅を失った場合などにおいて、一定期間避難生活をする場所。市町村によって指定される。

地方公共団体は避難準備情報発令の段階で「指定緊急避難場所」を開設し始めることとしている。そのため特に避難に時間のかかることが想定される人（要配慮者）は、避難準備情報発令の段階から早めの避難を行っていただきたい。

教訓　地方公共団体のホームページでは指定避難所の情報が公開されている。災害に遭遇した場合、どこに避難すればよいのか予め確認しておくことが重要である。また、災害の種類別（地震、洪水、土砂災害など）に避難所が異なるケースもあるため、丁寧に確認していただきたい。

教訓　区によっては、電柱に想定浸水深の掲示を行っている。想定浸水深は津波を想起しがちだが、河川氾濫によっても起こることを忘れてはならない。

夕方、風、雨ともにさらに激しさを増し、区長から避難勧告が発令された。帰宅ラッシ

浸水深が表示された電柱

電柱に荒川が氾濫した場合に想定される浸水深が表示されている。

出典：国土交通省荒川下流河川事務所ホームページ

ュで人々が押し寄せるなか、強風により鉄道が一部運休や減速運転を行っている影響もあり、駅が人でごった返している様子が報道された。避難準備情報が発令された段階で指定緊急避難場所の開設は順次進められていたようで、首都圏南部ではすでに避難している人たちのインタビュー映像が流れていた。

裕之も区のホームページで近くの避難所をチェックしていた。

裕之の自宅はマンションの五階である。そのため自宅まで浸水することはないと思うが、断水や停電などのライフラインが停止した場合には、避難所で物資や情報を得る必要がある。いくら水や食料を備蓄しているとはいえ、浸水が長期間に及べば、さすがにもたない。

行政による「公助」に限界があるように、「自助」や「共助」にも限界がある。最初の三日間から七日間は自助や共助で、それからしばらくは公助の世話になり、そこからの生活再建は公助により支えを得ながら自助を中心に、というのが裕之の基本的な考え方だった。

また、平地に位置するこのマンションは土砂崩れの被害を受ける危険性は低い。区の作成するハザードマップでも土砂災害警戒区域には入っていない。

一方で、荒川の堤防決壊時にはすぐに呑み込まれる危険が高いエリアである。浸水で怖いのは流水による建物の倒壊もそうだが、ライフラインがずたずたにされるうえに、水が引くまで復旧の目途《めど》がたたないことである。裕之は特にライフライン面に不安を覚えていた。

❗荒川右岸で堤防決壊（決壊当日・午前）

翌朝も、裕之はテレビを見ながら在宅勤務を続けていた。

テレビでは、大雨と暴風のなか、若者がスクランブル交差点で騒ぐ姿が道路の冠水情報や停電情報とともに流れた。区は避難を呼びかけているものの、なかなかそれが伝わっていないようである。裕之はまずできる備えからと考え、携帯電話やPCの充電を完了させ、生活用水として風呂水を溜めておいた。

東京湾沿岸部では、打ち寄せる波が防潮堤を超え、倉庫に浸水被害が発生していた。台風による海水面の上昇と、南東から東京湾に向けて吹き込む強風……加えて不運なことに、その日は大潮で、かつ満潮の時間が重なってしまった。それによって、通常時よりも海水面が大幅に上昇し、防潮堤を乗り越えたのだ。

解説 本ストーリー上ではあまり取り上げていないが、地球温暖化に伴う気候変動の影響を受ける高潮も無視することはできない。高潮による被害はあまりイメージが湧かないかもしれないが、たとえば二〇〇四年（平成一六年）八月、台風一六号による高潮が香川県高松市をはじめ県下の沿岸部を襲い、死者三名、重軽傷者六名、床上浸水五五〇〇戸以上の甚大な被害を生んでいる。

また、「大規模水害対策に関する専門調査会報告　二〇一〇年四月」によると、地球温暖化による影響で海面の水位が〇・六メートル上昇し、そこに室戸台風級の台風が襲来するなか、水門などを閉めることができずに堤防が決壊した場合、東京湾周辺の浸水区域内人口が約一四〇万人に達すると見込まれている。

一方、荒川では水位が氾濫危険水位に達し、さらに水位上昇が見込まれることから、区長から避難指示が発令された。裕之は避難指示を受けて避難所へ避難することも考えたが、この状況でマンションを出るほうがかえって危険だと判断し、当面の籠城《ろうじょう》を覚悟した。

教訓　避難指示が発令されたが、裕之は自宅にとどまる判断をした。このように、避難所への立ち退き避難はかえって命に危険を及ぼしかねないと自ら判断する場合には、近隣のより安全な建物などへと避難すべきである。あるいは、屋内でもより安全な場所へ移動するなど安全確保措置を取ることも重要である。たとえば土砂崩れなどの危険性がある住宅では、一階よりも二階のほうが安全である。

避難勧告では避難しなかった人々も、一段強い避難指示が発令されたことを受けて事の重大さに気付き、一斉に避難を始めた。その際、いまさら広域避難を試み、首都圏外へ移動しようと自動車を使った者が多く、都内の道路ではすぐに渋滞が発生した。特に、区が避難者の受け入れの調整を行っていた市とつながる橋梁部《きょうりょうぶ》など、ルートが限定されている箇所の渋滞がひどく、徐々に逃げ遅れが生じ始めた。

また、区の指示に従わず、受け入れ調整をしていなかった市に向かう者も多数発生し、さらなる混乱が生じた。一方で避難指示が発令されたにもかかわらず、いつもどおりの生活を続ける者も多数いた。

教訓 災害時に多数の人々が一斉に避難してしまうことで渋滞が発生し、逃げ遅れが生じてしまうことがある。二〇一一年（平成二三年）の東日本大震災では、震源地から遠い東京でも大渋滞が発生したことは記憶に新しい。

台風や洪水などは、地震と異なり、ある程度発生することが予想できる災害である。そのため、明日香が行ったように避難準備情報発令時など、予め早い段階で避難を開始しておくことも重要な備えの一つである。

そのころ都心の地下鉄や地下街では浸水に備え、止水板、防水扉、土嚢などの準備が着々と進められていた。

各駅構内では駅員が利用者の避難誘導を行っていたが、一日の平均利用者数が数万〜数十万人を超える首都圏の各地下鉄の駅で全員を完全に誘導することは並大抵なことではなく、混乱が生じていた。

一方、地下街では店員が慌ただしく避難誘導を行っていたが、地震が起こったわけでもないのになぜ台風程度で避難しなければならないのだと、客との間で小競《こぜ》り合《あ》いも見られた。

解説　都心の地下空間は、地下鉄と接続して大規模かつ複雑につながっており、一ヵ所からの浸水が地下空間全体に広がる恐れがある。たとえば二〇〇〇年（平成一二年）の東海豪雨水害時、名古屋市営地下鉄では、出入り口からの浸水のほか、地下通路でつながったビルから浸水した。同様の事態は、一九九九年（平成一一年）と二〇〇三年（平成一五年）の福岡水害時、博多駅周辺においても発生。地下鉄の運休、受電設備などの被災による周辺ビルの機能停止など、影響が生じた。

地下鉄・地下街への浸水対策

地下鉄や地下街への浸水を防ぐため、以下のような対策が取られている。

止水板の例

防水扉の例

出典：東京メトロホームページ

その後も荒川の水位上昇は止まらず、午後九時頃、荒川右岸二一キロ地点から、水が堤防を越え始めた。

一方、自宅にとどまった裕之はテレビやインターネットから積極的に情報を集め、万が一、堤防が決壊した場合に備えていた。

そして午後一〇時一八分、ついに荒川右岸二一キロ地点で堤防が決壊した。

！一人暮らしの老人宅（決壊当日深夜・午後一一時三〇分）

堤防決壊から一時間。荒川からあふれ出る濁流はとどまるところを知らず、見る見るうちに浸水域を広げ、東京メトロ南北線王子神《おうじかみ》谷《や》駅に達した。裕之の居住地区まではまだ距離があるが、この様子では時間の問題である。

裕之はふと、共通の趣味である釣りを共にする一人暮らしの老人（石田広海《いしだひろみ》・七五歳）が、マンション一階にいることを思い出し、様子を見に行くことにした。

堤防決壊から二時間が経過。濁流は北区東部を呑み込みながら、隅田川沿いに荒川区に達していた。多くの箇所で浸水深が二メートルを超え、決壊箇所下流周辺では浸水深が五メートルに達し、家屋浸水が次々と発生していた。また、暴風と豪雨に加え、深夜で辺りが暗いということもあり、行政も情報を集めることに苦慮しているようだった。

裕之は一階の石田の部屋に向かった。その途中、マンションのエントランスでは管理人が、唯一の入り口で、慌てて土嚢を積んでいた。

裕之が石田宅に到着したとき、ちょうど石田は部屋からペットの犬を連れて出てこようとしているところであった。

話を聞くと、石田にとって犬は大事な家族、自宅に置き去りにしたまま避難するわけにはいかないとのこと。そのため、避難勧告や避難指示は無視したそうだ。しかしテレビを見ていて怖くなったため、ちょうど裕之の部屋を訪ねようとしていたという。裕之は石田を快く迎え入れた。

！マンションの土嚢（決壊二日目早朝・午前六時三〇分）

荒川決壊から八時間。雨足はいくぶん弱まり、辺りも明るくなってきた。しかし濁流は依然衰える様子を見せず、都内を次々と呑み込み、荒川区と台東区を水没させながら、上野駅まで達していた。

地下鉄では、浸水を防ぐため、堤防決壊前から予め止水板や防水扉を閉めていた。しかし地下鉄は、地下街や民間ビルなどと多くの箇所で複雑に接続されており、厳重に塞がれた入り口の抜け穴から、ついに地下にも浸水が始まった。

ただ幸いなことに地下鉄は運休。地下街の利用客は前日のうちに避難を終えており、早朝ということもあって、ほとんど人はいなかった。

教訓 地下街にいるときに地下浸水に遭遇すると非常に危険である。地下街では次の点に注意しなければならない。

①地下では外の様子がわからない。浸水の恐れがあるときは、こまめに情報を収集す

地下街で浸水に遭ったときの注意点

地下街滞在中に浸水が発生した場合は以下に注意しなければならない。

地下街では外の様子がわかりにくいため注意が必要である。

浸水すると停電が発生することがある。また、エレベーターも使用できなくなる。

地下街に水が入ると水圧で扉が開かなくなることがある。

地上が冠水すると地下に一気に水が流れ込み、少ない水量でも階段を上れなくなる。

る。
②地下に水が流れ込むと、その水圧で扉が開かなくなり、避難が困難となる。
③浸水すると停電が発生することがある。また、エレベーターも使用できなくなる。
④地上から地下に水が流れ込むと、たとえ少ない水量でも、階段を上れなくなる。

明日香はテレビから流れる映像を見て言葉を失った。

「ご覧ください。堤防が決壊した場所の近くでは、昨日まで人や車で賑わっていた道路が、泥水に覆《おお》われて上空から確認できません。建物の一階部分まで、完全に水に浸《つか》っております。流されている車もあります。ビルの屋上では手を振って助けを求めている人が見えます。繰り返します。昨晩、荒川が決壊しました。荒川が決壊しました。浸水域は広がり続けています。数時間後には、日本の政治と経済の中枢がある千代田区や中央区に到達します。首都がまるで沈没していくようです。首都沈没です！」

いくぶん大げさなマスコミのあおり表現に逆に興《きょう》ざめしながらも、明日香は急いで裕之に電話をした。が、浸水の影響らしく、電話がつながらなかった。明日香は急に不安になった。

そのころ裕之は焦《あせ》りを感じ始めていた。実は明日香がテレビを見る一時間前、すでにマンションへの浸水は始まっていた。最初はじわじわと濁水が流れてくる程度だったが、みるみるうちに水位は上がった。エントランスの土嚢が浸水を防いでいたが、徐々に土嚢の隙間から浸水が始まり、エントランス一帯を水浸しにしていった。エントランス内の水位はすぐに上昇し、そこから一階の部屋の床上浸水が始まった。

また濁流と一緒に、どこからか家具や自転車などが流されてきた。それらが一階の部屋の窓ガラスにぶつかり、ガラスが割れると同時に、勢いよく室内に濁流と土砂や漂流物が流れ込み始めた。

石田は自分の部屋を見に行くと騒ぎながら、部屋を出ようとしたが、裕之が制止した。石田が手を振り払おうともめていると、急に部屋の電気が消えた。停電である。裕之は自分の不安が的中したと思った。実はこのとき、ガスと水道も、すでに止まっていたのである。

教訓　オフィスビルやマンションなどの地下階に設置されている受電・配電設備などの重要設備が浸水した場合、停電が発生する。それに伴ってエレベーターが停止

し、閉じ込めが発生することがある。そのため、マンションの管理者は非常用電源を設置したり、浸水時はエレベーターの使用を控えるルールを作ったりするなど、対応が必要である。

石田は終始、自宅の被害を気にしていた。裕之はもし水害保険に入っていれば、ある程度補償される旨を伝えた。しかし、残念ながら石田は水害保険の存在すら知らなかった。

教訓 通常の火災保険では、台風や大雨による洪水で被害（水災）を受けた場合は、補償の対象とならない。特約などで水災に備えることが重要である。もちろん、水災が補償対象に含まれた火災保険や住宅総合保険もあるため、自宅の保険をチェックしてほしい。

もともと裕之は明るくなってから歩いて避難することを考えていたが、マンション一帯はすでに一メートル近く浸水しており、そのようなか、石田と犬を連れて避難することは、非常に危険である。裕之は避難を断念し、救助を求めることにした。

洪水時の汚水の逆流対策

ストーリー上は発生していないが、洪水時には逆流によって汚水が噴き出すことがある。水嚢でこれを簡易的に塞ぐことができる。

水嚢で逆流防止

急激な水位の増加により
下水が逆流することがある。
ビニール袋で作った
水嚢を置くと、
逆流を抑える効果がある。

出典：家庭で役立つ防災（国土交通省）

裕之はヘリで救助してもらうことを想定し、マンションの屋上に向かった。空はどんよりと曇り、風はまだ少し強かったが、雨は小康状態となっていた。

屋上では、裕之と同じ状況に陥った住民が、すでに五〇人ほど集まっていた。上空では多数のヘリが飛び交っている。屋上から周囲に目をやると、同じようにビルの屋上や住宅の屋根、あるいはベランダなどから手や布を振りながら救助を求めている人が数多く見られた。裕之は屋上から他の住人と一緒に上空に向かって目いっぱい手を振った。

解説 裕之はマンションから避難することができず、孤立した。このように首都圏大規模水害が発生した場合、浸水によって避難することが困難になる「孤立者」が多数発生するとされている。「大規模水害対策に関する専門調査会報告　二〇一〇年四月」によると、荒川右岸低地氾濫における孤立者数は、一日後の時点で最大五一万人(避難率四〇%のケース)に達すると想定されている。

! マンションへの救助ヘリ（決壊二日目正午）

第一陣の救助ヘリが裕之のマンションにやってきた。一度に救助できるのは四人までだという。この後も救助ヘリが続けて来ると聞き、子どもや老人などの要配慮者を優先した。

その後、周囲が暗くなるまでに四回、救助ヘリが来た。石田は第二陣で救助された。裕之と何度かもめた石田であったが、ヘリで吊りあげられる際、裕之に何度もお礼を伝えた。

五〇人以上も救助を待っていたため、その日、裕之の順番が回ってくることはなかった。石田がすでに救助されたいま、裕之は明日まで様子を見て、救助に時間を要するようであれば、一人で避難することを考えていた。

救助ボートの到着（決壊三日目）

この日も朝から屋上で救出を求めたが、午前中は一度ヘリが来ただけであった。

普段から明日香が三日分の備蓄を行ってくれていたおかげで、とりあえず今日まではしのいできたが、石田に食料を少し分けたこともあり、あと一食分を残して底を突こうとしていた。

さらに停電してしまっているためテレビが使えず、携帯電話からしか情報を得ることができない。九月なのでまだまだ気温は高かったが、クーラーを使うこともできない状態であった。

トイレは風呂に溜めた水で流していたが、ついには使い切ってしまった。備蓄の飲料水で流すこともできたが、貴重な飲み水をあまり使いたくなかったため、やむを得ず簡易トイレで用を足していた。

解説 首都圏大規模水害では、浸水継続時間が長く、孤立期間が長期間にわたることが想定される地域があり、その際の環境の悪化が問題視されている。「大規模水害対策に関する専門調査会報告　二〇一〇年四月」によると、たとえば荒川右岸低地氾濫では、約五〇平方キロメートルを超える範囲で、二週間以上も浸水が継続することが想定されている。

午後に入り、またヘリ一機が救助を行った。救助を待つ住人も五人となっており、裕之もそのなかの一人として残っていた。食料の心配もあったことから、今日中には救助されたいと思っていたが、どうやら難しそうである。屋上にいた他の三人も同じ気持ちだった。

だがそのとき一人の住人が慌てて屋上に走ってきた。

「マンションの下に救助ボートが来ているぞ！」

解説　首都圏大規模水害において、たとえば荒川右岸低地氾濫、避難率四〇％の場合、全孤立者五一万人の救助が完了するのは、発災後四日目とされている（警察・消防・自衛隊が一日あたり一二時間救助活動を行い、排水施設がすべて稼働した場合。排水施設が稼働しない場合、孤立者の救助完了は七日後とされている）。
このように、地震だけではなく、水害においても「最低三日分」の水や食料の備蓄は非常に重要である。

！ 復旧（決壊七日後）

政府の発表によると、今回の水害では、死者・行方不明者合わせて一〇〇〇人超であり、その多くが逃げ遅れによるものだったそうだ。

今回、台風襲来前に住民の広域避難が試みられたが、当然のことながら数百万人に及ぶ要避難者を動かすことは容易ではなかった。受け入れ側の地方公共団体との調整や態勢の確立、避難指示の方法やタイミング、危険箇所の周知、国と地方公共団体の連携……今後も検討しなければならない課題が多く残された。

　被害は人的被害だけではなく経済被害も凄まじいものとなった。多くの中小企業が密集しているエリアが被害を受け、復旧の目途が立っていない。特に電子機器類を地下に設置している企業が多く、その大部分が水没したため、被害が極めて大きくなった。

　中央区や千代田区には大企業の本社が集中していることもあり、企業によってはサプライチェーンが寸断されるなど、影響は首都圏にとどまらず、支社や支店を通して全国に広がった。

　浸水被害を受けた店舗の多くが営業停止となった。特に「下町」と呼ばれる地域には自営業が多かったが、廃業に追い込まれるケースも少なくなかった。

　地下鉄は人的被害がわずかで済んだものの、浸水が瞬《また》く間に広がり、一七路線、九七駅に被害が生じ、一部路線では現在も運休が続いている。ショッピング客で賑《にぎ》わっていた地下街も未だ排水作業が完了せず、営業停止が続いている。

　日経平均株価は連日ストップ安を続けており、復旧費用に加え、持ち合い株の下落が、上場企業の決算をより圧迫しそうだ。さらに、企業の倒産による不良債権の発生の問題も取りざたされており、本来こうしたときにこそ支援を行わなければならない地方銀行の一部には、倒産や吸収合併の噂《うわさ》が出ている。

ただ、通信は前日から復旧したこともあり、裕之のもとには法務相談の電話が舞い込んできた。多くは生活再建に向けた雇用や財産に関することであり、一部には遺産整理の話もあった。また被災地域外からも、被災企業との契約関係についての問い合わせがあった。

目に見えるものと見えないもの……日本全体に刻《きざ》まれた大きな傷は、深く残っている。

エピローグ——安全の建設者として

荒川決壊から一ヵ月が経つ頃、裕之は一つの投稿記事を眺めていた。

「自然の力にはあらがえない」「自然災害に対して人々は無力だ」——常日頃からこのように思っている人は少数派ではないだろうか。

戦後、我が国は多くの災害を経験し、そこから得た教訓を政策に活かしてきた。伊勢湾台風、阪神・淡路大震災、東日本大震災……これらの災害による痛ましい教訓をもとに、様々な対策がなされてきた。

しかし我々は、自分の周りでは災害が起こっていないという「安心」感を、帰納的に「安全」という言葉に都合よく変換していないだろうか。

災害は誰にでも起こり得る。しかも気候変動により、その危険性は確実に上がっている。

だからこそ、我々は災害を「自分事」と捉え、「小さな安心の消費者」ではなく、「大きな安全の建設者」として、リスクと向き合う必要があるのではなかろうか。

コラム 4 過去の地名を調べる方法

自分の住んでいる土地の過去の名称を調べるには、地元の図書館などで古い五万分の一の地形図（国土地理院）や、郷土資料「地名の由来」などの資料から調べる方法、地方公共団体によっては総務課などで閲覧《えつらん》、またはコピーが可能な古い地名記録や変更資料などから調べる方法がある。

ただし、注意すべき地名が見つかった場合でも、その土地が必ずしも危険な場所というわけではない。たとえば、注意すべき崖や傾斜地そのものが開発によってなくなっている場合や、過去に水害が発生した場所であっても、地方公共団体の水利工事によって、そのリスクが大幅に減っているケースもある。

新たに土地購入、自宅の建築などをする場合は、地盤や地質の調査など、より緻《ち》密《みつ》な情報が必要となるが、その場合は法務局で履歴を調べ、登記簿によって土地利用の履歴を見ることも可能である。また「旧公図」を閲覧する方法なども考えられる。

（出典：政府広報オンライン「地域の防災情報二〇一五年版」）

災害への「備え」チェックリスト
（家庭で用意しておいたほうがよいもの）

- □ ヘッドライト
- □ 携帯ラジオ
- □ ヘルメット
- □ 歩きやすい靴
- □ 救急セット
- □ 着替え
- □ 簡易トイレ
- □ 貴重品（通帳、印鑑、現金）
- □ 新聞紙
- □ ポリ袋、レジ袋
- □ ラップ
- □ 懐中電灯
- □ アルミシート
- □ 非常食
- □ 寝袋
- □ 粉ミルク
- □ バスタオル
- □ ランタン型ライト
- □ 乾電池
- □ 革手袋、軍手
- □ ロープ
- □ ウェットティッシュ
- □ 毛布
- □ カセットコンロ
- □ リュックサック
- □ 大判ハンカチ
- □ ガムテープ
- □ レインコート
- □ 充電器
- □ 飲料水
- □ ホイッスル
- □ 抱っこひも
- □ おむつ、おしりふき
- □ 常服薬

（出典：内閣府ホームページなど）

あとがき——「防災４・０」未来構想プロジェクト

私は、二〇一五（平成二七）年一〇月、内閣府特命担当大臣（防災）に就任して以来、来るべき災害への備えを国民の皆様へお願いしてまいりました。地球温暖化に伴い激甚化する水害、そして切迫が懸念される大地震、こうした災害への備えを、国民一人一人が「自分事」として考え取り組んでくださるよう、そのきっかけにしていただきたいという思いで、この書籍を出版いたしました。

この書籍のベースとなるのは、私が大臣就任後の一二月に立ち上げた「防災４・０」未来構想プロジェクトです。いかに災害リスクに向き合っていくのか、国民向けのメッセージを出していきたいと考え、あえて防災の専門家ではなく、社会の第一線で活躍している八名の方にお集まりいただきました。

飯尾潤氏、江守正多氏、加藤秀樹氏、黒川清氏、住明正氏、高瀬香絵氏、船橋洋一氏、松井孝典氏の各委員からは、それぞれのご経験から、国民目線での災害への備え、そして社会全体の在り方に至るまで、幅広いご意見をいただきました。

第一章は、この提言をもとに執筆しました。一二月から約半年間にわたり、お付き合いをいただいた、八名の委員の方々、さらにゲストスピーカーとしてご講演いただいた有識者の皆様にも、この場を借りて厚くお礼を申し上げます。

第二章は、災害への備えを「自分事」として考えていただきたく、わかりやすさを重視した物語仕立ての構成としました。この執筆には、内閣府防災担当の職員の知恵と経験を借りました。おかげで、わかりやすく、かつ、イメージトレーニングしやすいものとなったのではないかと思います。

ご協力をいただいた、加藤久喜内閣府政策統括官（防災担当）、緒方俊則大臣官房審議官をはじめ、林俊行参事官、米津雅史参事官、金谷範導企画官、堀江直宏参事官補佐、辻本陽琢参事官補佐、石野翔平政策調査員、大亀寛技官、駒田義誌防災担当秘書官にも感謝を申し上げます。

この書籍を執筆しているさなか、二〇一六年四月には熊本地震が起こりました。お亡くなりになられた方々のご冥福《めいふく》をお祈りするとともに、避難所での生活を余儀なくされた被災者の皆さまの一刻も早い生活再建と熊本の復興に向けて、引き続き全力で取り組んでまいります。

交代で現地対策本部長として対応してきた、松本文明内閣府副大臣、酒井庸行内閣府大臣政務官、牧島かれん内閣府大臣政務官の各氏に対して、敬意を表します。

最後に、本書の編集に当たり多大なるご尽力をいただいた講談社の間渕隆氏にも、この場を借りて、重ねてお礼申し上げます。

二〇一六年九月

前内閣府特命担当大臣（防災）　河野太郎

著者略歴

河野太郎（こうの・たろう）

一九六三年、神奈川県に生まれる。一九八一年、慶應義塾大学経済学部入学。一九八二年、ジョージタウン大学入学（比較政治学専攻）。一九八四年、ポーランド中央計画統計大学に留学。一九八五年、ジョージタウン大学卒業。一九八六年、富士ゼロックス入社。一九九三年、日本端子入社。一九九六年、第四一回衆議院総選挙で初当選（以後、七回連続当選）。総務大臣政務官、法務副大臣、衆議院外務委員長を歴任し、二〇一五年、国務大臣・第七五代国家公安委員会委員長、行政改革担当・国家公務員制度担当・内閣府特命担当大臣（防災、規制改革、消費者及び食品安全）に就任。二〇一六年八月、退任。二〇〇二年には、生体肝移植のドナーとなり父親の河野洋平（元衆議院議長）に肝臓を移植。また、湘南ベルマーレの代表取締役会長も務めた。

著書には、『共謀者たち　政治家と新聞記者を繋ぐ暗黒回廊』（牧野洋氏との共著）、『原発と日本はこうなる　南に向かうべきか、そこに住み続けるべきか』（以上、講談社）などがある。

地震《じしん》・台風《たいふう》・土砂災害《どしゃさいがい》・洪水《こうずい》から家族《かぞく》を自分《じぶん》で守《まも》る
防災完全《ぼうさいかんぜん》マニュアル

二〇一六年九月一五日　第一刷発行

著者——河野太郎《こうのたろう》
装幀——守先　正

発行者——鈴木　哲　**発行所**——株式会社講談社
東京都文京区音羽二丁目一二—二一　郵便番号一一二—八〇〇一
電話　編集〇三—五三九五—三五二二　販売〇三—五三九五—四四一五　業務〇三—五三九五—三六一五
本文組版——朝日メディアインターナショナル株式会社
印刷所——慶昌堂印刷株式会社　**製本所**——株式会社国宝社
落丁本・乱丁本は購入書店名を明記のうえ、小社業務あてにお送りください。送料小社負担にてお取り替えします。
なお、この本の内容についてのお問い合わせは、第一事業局企画部あてにお願いいたします。
ISBN978-4-06-220300-5
定価はカバーに表示してあります。